русское безрубежье

ГОСТИНАЯ

выходит с 1995 года

К 25-летию «Гостиной»

1995 - 2020

HC Publishing
Philadelphia, 2020

РЕДАКЦИЯ

Главный редактор
   ВЕРА ЗУБАРЕВА (США)

Отдел прозы –
   Елена Литинская, зам. Главного редактора (США)
Отдел поэзии –
   Ефим Бершин (Россия)
   Марина Кудимова (Россия)
Отдел критики –
   Ирина Роднянская (Россия)
Отдел "Литературный архив" –
   Едена Дубровина (США)
Отдел "Одесская страница" –
   Людмила Шарга (Украина)
Веб-дизайнер и технический редактор –
   Вадим Зубарев (США)

ISBN 978-0-9861106-4-1
ISSN 1076-691 X

© Гостиная 2020

Содержание

Лауреаты «Гостиной»-2019 и
Премии Фонда Русского Безрубежья 2020..................5
Марина КУДИМОВА. Премия «Наше всё»...................6

Колонка редактора
Вера ЗУБАРЕВА. Толстые усадьбы...............................7

К 25-летию «Гостиной»
Марина КУДИМОВА. Беззакатное солнце «Гостиной»...........11

ПОЭЗИЯ

Алена БАБАНСКАЯ. Немая вода...................................82
Надежда БЕСФАМИЛЬНАЯ. Поющий кувшин 109
Наталия ЕЛИЗАРОВА. Прогулка в средней полосе...........41
Катя КАПОВИЧ. Подарок нам 64
Надежда КОНДАКОВА. «Я влюбилась в прощанья…» 56
Елена ЛАПШИНА. Небо из-подо льда............................14
Елена ЛИТИНСКАЯ. Светлых дней поспешный шаг 128

ПРОЗА

Марина КУДИМОВА. Пискля в бочке. *Отрывок из романа* 134
Татьяна ЯНКОВСКАЯ. Поездка в Борщевой пояс.
Отрывок из повести «М&М»..114

ЛИТЕРАТУРОВЕДЕНИЕ

Вера ЗУБАРЕВА. Королевич Елисей. *Библейские мотивы
в «Сказке о мёртвой царевне и семи богатырях»*.............142
Александр МАРКОВ. Поэтическое цветаеведение Юрия Иваска......19
Олеся НИКОЛАЕВА. Семинар. Часть I............................92
Михаил КОСМАН. Неоконченный роман Евгения Замятина
«Бич Божий»...119

ЭССЕ

Александр МЕЛИХОВ. Пророк, спустившийся на землю.
Солженицын-политик..47
Ефим БЕРШИН. Точка опоры. *К 100-летию Бориса Слуцкого* 61

РЕЦЕНЗИЯ

Александр КАРПЕНКО. Яблоко-жизнь Людмилы Шарга. (*Людмила Шарга, Мне выпал сад. Стихотворения, страницы из дневника. – Киев, Издательский дом Дмитрия Бураго, 2019* 86

КРИТИКА
По журнальной публикации

Виктор ЕСИПОВ. Татьяна Вольтская: «Будем любить друг друга…» («Интерпоэзия». №4, 2017; «Знамя». №2, 2019) 26
Владислав КИТИК. У всех нас родство по древности. *По журнальной публикации Ефима Бершина* («Дружба народов». №7, 2018) 38

ОДЕССКАЯ СТРАНИЦА

Евгений ГОЛУБОВСКИЙ. Странички из фб-дневника 163
Людмила ШАРГА. Так проходит август… *Стихи*....................32

ЛИТЕРАТУРНЫЙ АРХИВ

Елена ДУБРОВИНА. «Показавшему мне свет...». *Леонид Денисович Ржевский (1905-1986)* 156
Людмила ШАРГА. «Я издали беседую с тобой…». *Жизнь и творчество Галины Кузнецовой* 69

АВТОРЫ 179

Лауреаты «Гостиной»-2019:

- Елена ЛАПШИНА («Небо из-подо льда», поэзия)
- Олег МАКОША («Старуха Васильева», проза)
- Александр МАРКОВ («Поэтическое цветаеведение Юрия Иваска», литературоведение
- Владислав КИТИК («У всех нас родство по древности», критика – по журнальной публикации

Лауреаты Премии Фонда Русского Безрубежья-2020
(премия даётся за вклад в русскую литературу в России и за её пределами):

Ирина РОДНЯНСКАЯ – критик и публицист. Окончила Московский библиотечный институт. Печатается как критик с 1956 г. Автор книг "Социология контркультуры" (в соавторстве с Ю.Н.Давыдовым. 1980), "Художник в поисках истины" (1989). "Литературное семилетие" (1994), "Книжный сад" (1995), "Движение литературы" (2006), "Мысли о поэзии в нулевые годы" (2010). Автор статей о современной литературе, русской классике, русской философии. Заведовала отделом критики журнала "Новый мир". Участвовала в создании знаменитой "Философской энциклопедии" вместе с Сергеем Аверинцевым, Ренатой Гальцевой, Юрием Поповым и другими. Лауреат премии Александра Солженицына за 2014 год. Входит в редколлегию журнала «Гостиная» (отдел критики).

Елена ДУБРОВИНА — поэт, прозаик, эссеист, переводчик, литературовед. Живёт в США. Является автором ряда книг поэзии и прозы на русском и английском языках, включая сборник статей «Силуэты». Составитель и переводчик антологии «Russian Poetry in Exile. 1917-1975. A Bilingual Anthology», а также составитель, автор вступительной статьи, комментариев и расширенного именного указателя к трехтомнику «Юрий Мандельштам. Статьи и сочинения в 3-х томах» (М: Изд-во ЮРАЙТ, 2018), книги «Литература русской диаспоры. Пособие для ВУЗов» (М: Изд-во ЮРАЙТ, 2020). Главный редактор американских журналов «Поэзия: Russian Poetry Past and Present» и «Зарубежная Россия: Russia Abroad Past and Present». Входит в редколлегию «Нового Журнала» и в редакцию журнала «Гостиная» (раздел «литературный архив»). В 2013 году Всемирным Союзом Писателей ей была присуждена национальная литературная премия им. В. Шекспира за высокое мастерство переводов. В 2017 году – диплом финалиста Германского Международного литературного конкурса за лучшую книгу года «Черная луна. Рассказы». Заведует отделом «Литературный архив» журнала «Гостиная».

Марина КУДИМОВА Премия «Наше всё»

Премия «Наше всё» учреждается Фондом Русское Безрубежье. Премия присуждается по совокупности заслуг поэтам, при жизни не отмеченным никакими государственными или частными наградами, с формулировкой: «За неоспоримые достижения в развитии и популяризации русской поэзии». Первым лауреатом Фонда Русское Безрубежье становится Первый Поэт России Александр Сергеевич Пушкин.

Наградной фонд будет варьироваться в зависимости от личных вкусов и пристрастий лауреата. Александр Пушкин получает бутылку шампанского «Вдова Клико», предпочитаемого поэтом по многочисленным свидетельствам современников.

Александр Петрушкин
поэт, литературтрегер
6 сентября 1972 — 8 февраля 2020

Родился в 1972 году в Челябинске. С 2006 года жил в Кыштыме. Учредитель Литературно-художественного фонда «Антология». Инициатор издания журнала актуальной уральской литературы «Транзит-Урал». Издатель книжных серий «24 страницы современной классики», «V – Новая поэзия», «Антология РЕАльной Литературы». Организатор конкурса молодых литераторов «Стилисты Добра», фестиваля литературы Урала и Сибири «Новый транзит» и фестиваля нестоличной поэзии им. Виктора Толокнова. Куратор поэтического семинара «Северная зона», координатор евразийского журнального портала «Мегалит».

Лауреат 1-й степени регионального фестиваля литературных объединений «Глубина» (2007). Шорт-лист литературного конкурса «Tamizdat», шорт-лист премии «ЛитератуРРентген» (г. Екатеринбург) в номинации «Фиксаж» (2005, 2006), лауреат премии «ЛитератуРРентген» (г. Екатеринбург) в номинации «Фиксаж» (2007) , как лучший нестоличный издатель поэтических книг. Часть стихотворений опубликована под псевдонимом Александр Вронников.

Вера ЗУБАРЕВА. Толстые усадьбы

В этом году наша «Гостиная» отмечает своё 25-летие. Поскольку самая первая «Гостиная» готовилась кропотливо в течение года, и точной даты выхода уже не упомнить, мы решили каждый номер этого года выпускать под эгидой юбилея «Гостиной». Появившаяся в 1995 году стараниями вашей покорной слуги и профессора Пенсильванского университета Арона Каценелинбойгена (1937-2005), «Гостиная» постепенно преображалась, и сегодня она существенно отличается от той, с которой всё началось. «Гостиная» из просто тематического альманаха стала настоящим толстым журналом в лучших традициях русской литературы. У нас появилось много интересных авторов, в разной степени известных и талантливых, и много новых рубрик. «Гостиная» не боится нововведений, если они кажутся ей интересными. Так, с подачи Сергея Надеева, родилась рубрика «История первого стихотворения», вызвавшая интерес у читателей и писателей. А моя статья «Русское безрубежье» («Дружба народов». 2014/5) послужила возникновению одноимённого раздела в «Гостиной».

Сегодня мне хотелось бы остановиться на самой новой рубрике, известной под названием «Журнальная публикация».

Идея пришла из времён «журнальных сшибок», но толчком послужил случай, подсказавший необходимость воскрешения этой традиции. Под случаем я имею в виду рецензию Бориса Жеребчука на две подборки моих рассказов в «Неве» и «Новой юности». Для меня появление этой рецензии было полной неожиданностью. Она пришла по электронной почте, и имя автора было мне незнакомо. Ещё больше поразилась я, прочитав глубокие, философские раздумья над рассказами в лучших традициях русской критической мысли. Увы, ни один толстый журнал, как написал мне Борис, не взялся её публиковать по простой причине – рецензии на отдельные журнальные публикации не рассматриваются.

Вспомним, как откликались на журнальные публикации во времена Пушкина. Выход в свет первой главы «Евгения Онегина» вызвал восторженную статью Н. Полевого в «Московском телеграфе». Этот отзыв породил полемику между Полевым и Веневитиновым, в которой ставились вопросы народности и романтизма. Направленность полемики проходила в рамках главного вопроса: по какому пути пойдёт развитие русской литературы? В "Северных цветах" появляются отрывки из II главы "Евгения Онегина", а позже глава выходит полностью. Вокруг неё разворачивается журнальная полемика (Веневитинов, Н. Полевой, Булгарин).

Это было время, когда журнальная публикация естественным образом вызывала незамедлительный отклик в прессе. Откликаться на текущие публикации было в порядке вещей, это было неотъемлемой частью литературной жизни, её пульсом. Ведь журнал – пространство, в котором отдельная публикация становится высказыванием, требующим незамедлительного отклика литераторов. Журнал теряет жизненную силу, если приток авторской энергии так и остаётся в пределах авторской страницы. Книга может отлёживаться на полке, вызревая для своего проницательного читателя, а журнал – нет. Журнальная публикация требует немедленного разговора, внимания, обсуждения.

Сегодня журналы устанавливают искусственные рамки в плане полемики на текущие публикации – опубликовать развёрнутый отклик на единичную журнальную публикацию практически невозможно. Это подрывает жизнь самих журналов, которая и так уже висит на волоске по ряду известных причин. Не говоря уже о том, что не существует киосков, где можно было бы приобрести новый номер журнала по дороге в метро, о том, что библиотеки не имеют фондов на подписку, что читатель предпочтёт сетевую версию просто потому, что никто не в состоянии хранить у себя на полке номера журналов. К тому же ещё и рынок после распада СССР сузился роковым для книжной промышленности России образом.

Напомню, что кроме Российской СФСР было ещё 14 союзных республик, и все они служили рынком сбыта журналов и книг на русском языке. То есть журналы поставлялись в библиотеки всех этих республик и имели подписчиков, пусть и льготных. 14 рынков сбыта отпало. Кому сбывать бумажные номера журналов, выходящих раз в месяц в чьём-то завышенном представлении о современном тираже? Мало того, что выставлены внешние рамки, так журналы выставляют ещё и внутренние, отказываясь от полемики и рецензий на текущие публикации. Это экономит место в журнале, но вместе с тем, вызывает его атрофию. Журнал не может существовать без полемики и откликов на то, что публикуется в периодике. На вопрос Круглого стола в «Гостиной» о том, есть ли сегодня оппозиционные группировки, отстаивающие свой взгляд на развитие русской литературы, как это было во времена Пушкина, Игорь Шайтанов отвечает: «Группировки существуют, но литература ли то, о чем они спорят?»

Ограничение реакции на происходящее в периодике губительно сказывается на кровообращении журнального мира и не только того, что в ЖЗ. Сегодня принято публиковать рецензии на книги и обзоры. Рецензии сокращают до поверхностного минимума. Критик ждёт, пока ему закажут обзор. Он нетороплив. Он не намерен останавливаться на отдельном журнальном тексте и идти вглубь. От него требуется идти вширь. Это, с одной стороны, важно, а, с другой, опасно, поскольку становится единственно возможной формой отклика на периодику. Она подавляет другие формы, и энергия публикации, рассчитанная на отдачу не только со стороны автора и редактора, но и критика, становится застойной. Обзор на то и обзор, что он даёт в сжатой форме общий охват опубликованного. Не спорю, серьёзный обзор способен представить какие-то тенденции журнала и его авторов. И это важно. Но настоящая полемика разворачивается именно в плоскости единичных публикаций, будь то подборка, поэма, рассказ или повесть. Или даже отрывок, как это было в случае с «Евгением Онегиным».

Возвращаясь к истории с рецензией Жеребчука, добавлю, что меня настолько вдохновило прочитанное, что я дописала другие рассказы и отправила рукопись Ольге Аминовой. Её отзыв и решение публиковать сборник рассказов «Ангела на ветке» были большой радостью для меня. Рецензия же Бориса на книгу вышла в полном объёме – редкий случай для толстого журнала! – в «Неве». Вторая версия рецензии в качестве дополнительного ракурса была опубликована в «Южном сиянии».

Тогда-то я и вспомнила о пушкинских временах и подумала о том, что нужно возобновить эту традицию и публиковать в «Гостиной» рецензии и полемику по текущим журнальным публикациям. Ведь подобные рецензии могут стать толчком к изданию чьей-нибудь книги! В этом начинании нас поддержала и «Литературная газета», которая на своих страницах тоже публикует подобные рецензии.

Для объявленной рубрики нам важен разговор по существу. Речь не о том, какая публикация заслуживает разговора, а какая нет. Критерий один – заслуживает разговора то, что побуждает к нему. Сегодня, когда существует ЖЗ и другие сетевые журнальные ресурсы, такая межжурнальная полемика делается более доступной и привлекательной для читающего и пишущего. В особенности, если она разворачивается на страницах толстых журналов, где заведомо обитают профессионалы высокого класса. Имеются в виду все толстые журналы, а не только включённые в ЖЗ волею судеб. Толстые журналы сегодня, по сути, те же усадьбы – и то, и другое чисто русский феномен. Каждый из них – литературная эпоха, и притом не одна, со всеми её терниями и звёздами. И всё же, нельзя забывать Чехова, который проницательно показал, к чему ведёт обособленность русской усадьбы. В «Чайке» Аркадина, говоря о шести помещичьих усадьбах на берегу, сокрушается о том, что «лет 10—15 назад, здесь, на озере, музыка и пение слышались непрерывно почти каждую ночь. ... смех, шум, стрельба, и всё романы, романы». Всё это пришло в запустение.

В последнем акте «Трёх сестёр» вновь испечённая хозяйка Наташа планирует срубить еловую аллею и насадить «цветочков»: «Велю прежде всего срубить эту еловую аллею, потом вот этот клен. ...И тут везде я велю понасажать цветочков, цветочков, и будет запах...» А в последнем акте «Вишневого сада» Лопахин уже приказывает срубить сад. Так наступает, по версии Чехова, конец усадьбам, и на смену приходят лютики-цветочки и дачник, нуждающийся в общении нового типа... Аналогия довольно прозрачная. Но об этом – в другой раз.

Марина КУДИМОВА. Беззакатное солнце «Гостиной»

Самая знаменитая гостиная русской литературы, без сомнения, описана в первом томе «Войны и мира». Это салон Анны Павловны Шерер. Слово «салон» за годы классовой борьбы приобрело какую-то сомнительную коннотацию. Между тем, это в исконном значении и есть не что иное как *гостиная*. И лишь в переносном смысле «кружок избранных лиц, собирающихся в частном доме».

Салоны – так уж получилось потому, что мужчины некогда были заняты иными делами, традиционно связанными с именами блестящих женщин – Маргариты Наваррской, Марии Шотландской или той, которая осталась в истории под именем королевы Марго. И я подумала, что в случае нашей «Гостиной» - литературно-художественного журнала, сотый выпуск которого свидетельствует о его «постоянной прописке» в виртуальном пространстве, все сходится. Это безусловно «частный дом», поскольку существует без поддержки какого бы то ни было государства, хотя посетители этого дома населяют все страны – члены ООН, где пишут по-русски. Это, безусловно, «кружок избранных лиц», и, хотя он постоянно расширяется, инициацию проходят лишь те, кто готов природниться и стать своим. О прекрасной хозяйке нашей «Гостиной» и говорить много не надо – имя главного редактора Веры Зубаревой, литературный и организаторский таланты органично связаны с ее красотой и обаянием. И вот я наугад открываю роман Льва Николаевича и лишний раз убеждаюсь в пророческом даре автора. Итак:

Гостиная Анны Павловны начала понемногу наполняться. Приехала высшая знать Петербурга, люди самые разнородные по возрастам и характерам, но одинаковые по обществу, в каком все жили...

«Гостиная» Веры Зубаревой и ее единомышленников «наполняется» постоянно. Может, сначала и понемногу, но теперь с несколько даже пугающей интенсивностью. Одна надежда, что виртуала и гостеприимства здесь хватит на всех и никто не останется в прихожей. Люди, авторы, которые давно считают за честь публикацию в «Гостиной» - действительно «самые разнородные» и «одинаковые по обществу», то есть принадлежащие к современному русскоязычному литературному процессу и, как правило, хорошо знакомые друг с другом если не лично, то профессионально.

Далее: «Анна Павловна, прохаживаясь по своей гостиной, подходила к замолкнувшему или слишком много говорившему кружку и одним словом или перемещением опять заводила равномерную, приличную разговорную машину». Вера Зубарева «подходит» к каждому заявившему о себе автору и «одним словом» - ободрения или приглашения – «заводит машину», которая везет участников если не к всемирной славе, то к заметности и активности.

Помните, как в гостиной Анны Павловны появляется князь Андрей Болконский, «новое лицо»? Толстой пишет: «Ему, видимо, все бывшие в гостиной не только были знакомы, но уж надоели ему так, что и смотреть на них, и слушать их ему было очень скучно». Придется поспорить с великим писателем. Те, кому надоели и наскучили бывшие в «Гостиной», покидают ее по собственному решению. Отсюда никого не выгоняют бесцеремонно, всем дают время освоиться. И, в отличие от столичных «тусовок», никому не скучно, поскольку в любой момент есть возможность «покинуть помещение», никого не обидев. На моей памяти лишь один – и весьма талантливый – автор по каким-то причинам так и не дал для «Гостиной» стихи. Может, времени не выбрал, а может, просто не вписался в поворот, каковых на литературном пути множество.

Здесь мы покидаем все же достаточно чопорный салон Анны Павловны и плавно перетекаем в хлебосольную гостиную Ростовых. Хозяин дома, граф, «Проводив одного гостя... возвращался к тому или той, которые еще были в гостиной». Наша хозяйка так делает постоянно, и потому авторский актив «Гостиной» стабилен и внятен по всем признакам. Однако он постоянно расширяется, поскольку Вера Зубарева внимательно следит за появлением новых – или ранее не привлеченных – гостей на виртуальных и печатных страницах. Ведь именно хозяйка создала феномен «Русского Безрубежья», и «Гостиная» - первый, существующий с 1995 года, но к настоящему времени – лишь один из необозримых сегментов этой Вселенной. Как свидетельствует о замысле издания его манифест, смысл «Гостиной» – «взаимное творческое обогащение авторов и собеседников. Каждое произведение, будь то поэзия или проза, есть беседа художника с миром, его диалог с Вечностью, диалог, который имеет много аспектов и направлений».

И последнее, снова из «Войны и мира»:

- Да, - сказала графиня, после того как луч солнца, проникнувший в гостиную вместе с этим молодым поколением, исчез...

В «Гостиной» публикуются лучшие из лучших авторы новых поколений, завтрашние классики. Солнце «Гостиной» всходило уже сто раз. И каждый его «луч», каждое прекрасное молодое – залог того, что ни русская литература, ни ее форпост – тематический журнал под руководством Веры Зубаревой – никуда и никогда не канут и не исчезнут. Заката «Гостиной» не предвидится!

Как писал Некрасов:

> *Есть край, где горит беззакатное солнце*
> *Алмазным пожаром в безбрежной дали...*

Слишком много вложено труда и души в это явление, которое язык не поворачивается назвать «проектом». Слишком весомы его плоды.

Слава Русскому Безрубежью и его хранителям!

Елена ЛАПШИНА. Небо из-подо льда

* * *

Сломанными флажками сверху сигналит птица.
Кто её разумеет? – нет никого окрест.
Только над прудом ива – будто пришла топиться.
Ива стоит и плачет, чёрную землю ест.

Бездна небес глядится в тёмный нагрудник пруда,
видя в нём только птицу, рваный её полёт.
Небо само не может жить ожиданьем чуда.
Ива стоит и плачет, чёрную воду пьёт.

Что у неё за горе? Кто её здесь оставил?
Но прибежит купаться – выгнется и вперёд! –
тонкий и голенастый, с виду как будто Авель.
Ива ему смеётся, – кто её разберёт.

* * *

…И найденное – не было искомым.
Никто из сыновей не утаит
то яблоко, что встало в горле комом –
Адамово – так в горле и стоит.

А у меня – оскомина и сладость,
предательство Адамово, враньё
и Евы – не бессилие, но слабость –
влеченье, наказание её.

В каких бы ты садах ни шёл тропою,
к каким бы ни притронулся плодам,
любой из них, надкушенный тобою,
тебе напомнит яблоко, Адам.

* * *

В детских поисках жизни привольной
пыльным полднем пришли ты и я
под гудение высоковольтной

на промзону Его бытия:
ни пчелы, ни цветка, ни ехидны,
над прудами – сухие кусты.
Эти земли, как прежде, безвидны.
Эти воды, как прежде, пусты.
До Адама и Евы над бездной
мы в молчаньи глядели с тобой,
как в текучей лазури небесной
округляется кит голубой.

* * *

Там на реке, плескаясь и хохоча,
шумной ватагою, – только один не в счёт.
Будто река другая с его плеча
жилкою голубой по руке течёт.

Если бы я не думала о таком –
тонком и нежном с шёлковым животом…
Мальчики пахнут потом и молоком,
а молоком и мёдом – уже потом.

Там по реке вдоль берега – рыбаки, –
тянут песок и тину их невода.
А у него ключицы так глубоки, –
если бы дождь – стояла бы в них вода.

Я бы купила серого соловья,
чтобы купать в ключице, да неспроста:
я бы хотела – этого – в сыновья,
чтобы глаза не застила красота.

* * *

И вроде бы ле́та короче, а зимы лютей,
и ночи бессонней, а сны наяву – беспробудней.
Уже фотографии стали дороже людей,
а воспоминания ближе сегодняшних будней.

И вещи уже тяготят, хоронясь по углам,
теснят в неуюте квартиры (тоска городская) –
желанные прежде – теперь превращаются в хлам.
Лишь те, что из детства, упорствуют, не отпуская.

И вот бы проснуться отсюда, и там – наяву –
себе постаревшей, как старому другу, доверя
и ключ от квартиры, в которой уже не живу,
и запахи комнат, и звук открываемой двери…

И чтобы все живы, и в воздухе пыльная взвесь,
воскресное утро, на кухне вещает столица.
И всё, что даётся, и всё, что кончается здесь,
вне места и времени длится,
                            и длится,
                                   и длится...

* * *

В той тишине, где яблони обветшали,
яблоко стукнет ржавый в траве ушат,
сумерки подошли в комариной шали,
листья шуршат.

Под одеялом то зазнобит, то жарко.
Склянкою ночь в проёме окна блестит.
Дождь шелестит, как лук шелушит кухарка,
дождь шелестит…

Дождь шелестит, и слыша его вполуха,
против теченья в горнее уходя
и засыпая, сгорбишься, как старуха,
тая столпом соляным в глубине дождя.

* * *

Осень с мешком наливных на горбу
ходит каргой по дворам.
Спит златоглазка в стеклянном гробу
меж заколоченных рам.

Мнится на улице злой хохоток,
ветхое вьётся тряпьё.
Спит златоглазка, свернув хоботок.
Кто поцелует её?..

* * *

Ни ходко – ни валко,
не лодка – не барка:
плавучее диво – речной рыба-кит
гирляндами светит, трубою дымит.

Не шибко гружён, не совсем налегке
плывёт пароход по великой реке.
И слушают жители душных кают,
как ночью над Волгой русалки поют.

– Утопишься, дура, – не стой над водой, –
пеняет купчина жене молодой.
И тянет елейно от сытой ленцы:
– Погибшие души – у-топ-лен-ни-цы…

Усыпано небо чешуйками звёзд,
качается в волнах русалочий хвост.
Хоть в чёрную воду, хоть в небо гляди,
русалочий голос таится в груди.

* * *

Мне говорили: «Всё без толку.
И то – какой с ребёнка спрос», –
когда заваливал на ёлку
кроваво-красный дед мороз.

Я упиралась со слезами,
пока зловонием дыша,
тот шарил красными глазами
соседа «с пя́той» – алкаша.

А взбудораженные предки
велят читать ему стишок.
…Я высоко на табуретке,
как будто пеночка на ветке.
А тот – берётся за мешок.

Я ничего не понимаю,
я свой подарок обнимаю
под сиплый кашель горловой.

Оцепеневшею фигуркой
стою с пластмассовой снегуркой,
и звон плывёт над головой.

* * *

От земли поднимутся холода,
незаметно с ночи повалит снег.
Ты увидишь небо из-подо льда,
ты проснёшься рыбою, человек.

Неусыпным оком гляди во тьму,
серебристым телом – плыви, плыви…
И не думай: «Это зачем Ему?» –
всё, что Он ни делает – от любви.

Не ропщи, что речь твоя отнята,
не по небу ходишь, не по земли.
Если рыбе дадена – немота, –
то самим дыханьем Его хвали.

Александр МАРКОВ. Поэтическое цветаеведение Юрия Иваска

Юрий Павлович Иваск, профессор Амхёрста Джордж Иваск, по матери -- Юрий Живаго, становился не раз предметом эпиграмм:

А Юрий Иваск
Как бледный ландыш,
Поет Марине
Он дифирамбы.

Его итоговая поэма "Играющий человек" -- принципиально московская: в московском детстве коренится культурное многоязычие, которое потом проявляется в своеобразных "ксениях" (по Гете) или "лептах" (по Вяч. Иванову) второй части поэмы, подражающей идиолектам поэтов и тем самым раскрывающей замысел "игры". Основной смысл поэмы -- человечество не в раю только потому, что говорит сбивчиво: ясное созерцание, как принятие правил игры, позволяет совершить такой поступок, который сразу переносит человека в рай. Человечество тогда обладает теми же свойствами, что поэт, по Цветаевой ("Поэт о критике") -- это утысячеренный человек, глубоко индивидуальный, и если ад банален, то такой индивидуально пережитый коллективом поступок и введет человечество в рай, позволит обыграть дьявола.

"Вуали я музеями упрямо / Именовал" -- смешение слов по одинаковым безударным гласным у-и не сводится только к глоссолалии гласных, далее воспетой в поэме как способ общения с малоизвестными языками. Как синонимы вуалей названы потом "муза, музыка, зефир" -- последняя синонимия исключительно по легкости и воздушности, тогда как музыка и муза вуали, приведшая к идее музея, объясняется отчасти книгой Иваска о Константине Леонтьеве, где Иваск характеризует автобиографическую повесть Леонтьева "Подлипки" как музыкальную, и пересказывает шуточную игру в этой повести:

Вернемся опять к Володе Ладневу в «Подлипках». Пятнадцатого июля, когда ему было девять лет, состоялось его шуточное венчание с тринадцатилетней Верочкой, воспитанницей тетушки Солнцевой. Гувернантка мадам Боннэ украсила ее голову страусовыми перьями поверх вуали, а Володе подвязали красный пояс вместо генеральской ленты. Помещик Бек, Юпитер из Володиной мифологии, что-то громко прочел из первой попавшейся книги и потом обвел молодых вокруг «высокой рабочей корзинки». После свадьбы новобрачные и гости танцевали вальс Святополка Окаянного и мазурку Владимира Мономаха! Это была шутка все того же Бека-Юпитера, который, раскрыв «Живописного Карамзина», божественно-царственно смешал древнюю Русь с венскими и краковскими танцевальными па!

Пересказанный сюжет -- зерно поэмы Иваска: чтение из "первой попавшейся книги" превратилось в понимание игры как случайных попаданий из книг материала для игры, а русификация современных танцев стало общим сюжетом всемирной России, эмигрантской, описанной в поэме -- когда речевые жесты эмигрантских знакомых опознаются как специфически русские. И из Леонтьева, вероятно, характеристика похоронного кортежа на Арбате:

Преступно-траурные ризы и
Роскошно страшные, бесстыже белы
Покровы, перья: серебра и мела
Позор. (10)

Иначе говоря, смерть, выставленная напоказ, как проекция превращения обряда в игру в повести Леонтьева -- но как у Леонтьева это была часть усадебного быта, так и здесь это "картинка для" -- подробность жизни старой России, как через строфу явствует "картинка для игры" -- иначе говоря, карточка в игре на угадывание слов. В этих карточках, в которых угадывается слово на разных языках, Иваск находит лучший образ игры:

Картинка для игры: без промедленья
Байбак укладывается в картон,
И предводительствуя хороненье,
Помчался белый затрубивший слон.
-- Не надо, выговаривала мама.
А нянюшка: -- Не обрешься сраму?
А Фрейлина с Мадамой: nein и non.

Ребенок видит на карточке картинку суслика, но называет диалектное "байбак". Затем, в окне замечая похороны, он начинает играть в слона, представляет уже не картинку словом, но неясное для него понятие смерти -- действием, на что ему отвечают на разных языках, возвращая к логике карточки из детской игры, помогающей заучивать слова на разных языках. Иначе говоря, ребенок, сказавший слово на райском диалектном языке, вместо школьных слов немецкого и французского языка, он же оказывается настолько щедр в своем действии, что преодолевает смерть и благожелательно пускает в свою игру разных людей с их языками.

Мир начала поэмы -- мир классической русской литературы, пришедшей в движение; тем самым, не умершей, но пришедшей в действие. "С креста на Гоголя слетали галки" -- возмутившая некогда митрополита Филарета строка из "Евгения Онегина" "И стаи галок на крестах" становится частью динамической картины: образность мира одной поэмы благословляет статую автора другой поэмы, точно так же превращая мертвого Гоголя в играющего Гоголя.

Ключевые слова в описании меняющейся предреволюционной Москвы:

На съемке синема (еще молчанки):
Змеею шаль у бешеной цыганки. (11)

-- явная отсылка к Мандельштаму, зашифровавшему "шаль":

Мелькают женщины в платках,
И тявкают дворняжки шалые,
И самоваров розы алые
Горят в трактирах и домах.

Слово "шаль" у Мандельштама зашифровано названным платком и рядом указанием на шалую дворняжку, равно как и розы самоваров, иначе говоря, языки пламени под самоваром, дополнительно сообщают о расцветке шалей, набивных цветах -- если самовар превращен в картинку, то важно, и какая картинка будет на шали. Но это и точное воспроизведение основной мысли цикла М. Цветаевой "Под шалью", где шаль отождествляется с покровом Пифии и одновременно с роковой миссией Елены Троянской:

Женщина, что́ у тебя под шалью?
— Будущее!

Но дальше пересказ фильма тоже раскрывает поэтику Цветаевой:

За нею тенью или привиденьем
Прозрачный граф: огромные глаза…
Угадываю я моим оленьим
Сердцебиением...

Казалось бы, фильм передан несколькими стандартными поэтизмами "тень" как образ возлюбленного или возлюбленной, в мечте (к чему нас приучила пушкинская поэтика, "О, если правда, что в ночи…"), прозрачный граф как вариация поэтического штампа "прозрачный силуэт", один из синонимов призрака, глаза как открытый взор, и оленье сердце как страх. Но само обозначение призрака как "тени" и как "прозрачности", как участника действия в рамках поэтики и как участника кинематографической иллюзии, заставляет сблизить огромные глаза и оленье сердцебиение как часть одного опыта удивления: тогда будут уже образы оленьих глаз и большого сердца. Именно такая образность разыграна уже в одном из стихотворений "Вечернего альбома" Цветаевой, а именно, "Встреча":

> Вечерний дым над городом возник,
> Куда-то вдаль покорно шли вагоны,
> Вдруг промелькнул, прозрачней анемоны,
> В одном из окон полудетский лик.
>
> На веках тень. Подобием короны
> Лежали кудри… Я сдержала крик:
> Мне стало ясно в этот краткий миг,
> Что пробуждают мёртвых наши стоны.
>
> С той девушкой у тёмного окна
> — Виденьем рая в сутолке вокзальной —
> Не раз встречалась я в долинах сна.
>
> Но почему была она печальной?
> Чего искал прозрачный силуэт?
> Быть может ей — и в небе счастья нет?..

Призрачный любимый "полудетский лик" оказывается и "прозрачным силуэтом", хотя силуэтом мы чаще называем фигуру, но здесь это именно силуэтный оплечный портрет -- лицо в окне вагона, отраженное стеклом, так что мы схватываем через стекло только силуэт. Метонимия "прозрачный силуэт" в смысле "силуэт в прозрачном окне" позволяет раскрыть и метонимию сна как смерти -- сон это воспоминание об умерших, и только смерть позволяет достичь соединения с ними. Причем как и цветаевский, так и иваасковский сюжет надо распутывать не последовательно, строка за строкой, а исходя из ядра, соединяющего страх смерти и восприятие жизни как призрачного существования.

Цыганский мотив находит цветаевское замыкание в последней строке через строфу: "Венерина беседка, липа, клен". Цветаева изобразила Венеру как цыганку еще в раннем посвящении Сергею Эфрону, цикле "Венера" "Волшебного фонаря":

> Он рождён в лучах Венеры,
> Голубой звезды цыган.

Венерина беседка -- беседка "Храм Венеры", встречавшаяся в усадьбах и восходящая к петровской Венере Таврической в галерее

Летнего сада и одновременно к культам святой любви и святой дружбы эпохи чувственности. Тогда в строке Иваска описывается быт усадеб, но при этом соединяется холм-курган из стихотворения Цветаевой как место вольной цыганской мечты о небе и холмы русских усадеб с их беседками как местами встреч: "Снятся лица, лица", в предыдущей строке Иваска.

Описание революции в дальнейших строках может иметь прототекстом обращение Цветаевой к Волошину, про которое мы в точности не можем сказать, было ли оно известно Иваску, хотя моральное утверждение этого стихотворения, "В детях рай, но в детях все пороки" -- можно сказать, кратчайший конспект поэмы Иваска. О детях у Цветаевой сказано:

Их слова неумолимо-колки,
В них огонь, зажженный мятежом.

Но то же самое мы читаем у Иваска в описании революции, уже действительного мятежа:

Но вечера неумолимо жутки.

Прямую цитату из Цветаевой мы видим далее, когда повествователь пытается отвлечься от жизни революционной Москвы:

Не прошлое, вневременное ведь я
В игру: огромный выдох, а не вздох. (13)

Нельзя не узнать первое стихотворение цикла "Отрок", которое Иваску должно было быть известно по сборнику 1940 года:

Пью — не напьюсь. Вздох — и огромный выдох,
И крови ропщущей подземный гул.

В обоих случаях обсуждаются условия введения вневременности в игру, которой оказывается возможность принять прошлое не как собственность ("не прошлое"), а как судьбу, которую никогда невозможно исчерпать, которая всегда будет напоминать о себе подземным гулом.

Иваск всё время возвращается к Москве, придавая большую выразительность московскому каталогу "Евгения Онегина": "Ковры, бухарцы, вербы, мужики" -- это, всё же, гораздо более перебивчивая картина, чем "Мелькают мимо будки, бабы…" -- картина, увиденная из окна повозки случайным, а не необходимым свидетелем. Далее объясняется, что эта картина увидена на самом деле нерасторопным и, вероятно, пьяным извозчиком: "Гляди, перевернулся глупый Ванька".

Конечно, было бы более чем опрометчиво видеть в этом указание на исторические катастрофы, что не вписывалось бы в идею рая как основную идею поэмы, но можно и нужно видеть здесь ключ к следующей строфе.

> А если вздох ох-ох! - Огромный выдох
> Ее, Цветаевой... и не померк -
> Ли звезды (очи ночи). Мерзлый воздух.
> Взрывается, сверкая, фейерверк.
> А те, блаженнейшие, Мандельштама,
> Те выдохи: божественная гамма
> Псалтири... Сразу подавляю вздох.

Имена Цветаевой и Мандельштама оказываются рядом, и в поэме Иваска оба поэта наделены своей райской миссией: Мандельштам -- создатель экуменической церкви будущего, главный ее гимнограф и священнослужитель, а Цветаева -- жертва, ее "движенья птичьи" (40), слепая ласточка, которая сама не видит свой рок:

> Затравленная гордая Марина
> Цветаева, а все еще: порыв!
> За мужа беспокоится, за сына
> И, в жизни ничего не различив
> (Она невероятно близорука),
> Протягивала Мандельштаму руку,
> А ей свою ручищу русский рок. (40)

Если пересказать эту последнюю строфу, в ней идет речь о раздирании жертвы, которую настигает катастрофа, но прежде катастрофы она успевает войти в церковь Мандельштама. Этот сюжет и позволяет понять ту первую цветаевско-мандельштамовскую строку: смерть птицы на морозе, смерть Цветаевой, предвещается еще пестрой Москвой, пестрота которой пророчит о будущем принесении в жертву Цветаевой и растерзании всей русской культуры. Звезды здесь, конечно, должны напомнить о мандельштамовском устойчивом понимании звезд как острий, булавок заржавленных, жертвенных орудий. Но жертва приносится на выдохе, а на вдохе все начинают жить в экуменической церкви Мандельштама, в раю, подавляя вздох, то есть не скучая и не ностальгируя, но уже проживая гамму настоящего. Так разговор о Цветаевой становится в поэме Иваска разговором о будущем, в котором воздух Мандельштама принял жертву Цветаевой из прошлого в настоящее. Этот поэтический образ Цветаевой оказывается глубже того, который Иваск обрисовал в критической прозе:

Но Старшего, Старшого (истинного Бога) над собой не знала. Если религия есть связь с высшим --то у нее такой связи не было. В этом ущербленность Цветаевой, в этом ее великая беда… (Похвала русской поэзии)

Здесь оказывается, что ущербленность можно понимать и как переживание ущерба, катастрофы, когда весь мир пришел в движение, и нужно протянуть руку, чтобы до конца не рухнуть в безумие мира. А эту руку уже подхватывают Мандельштам… и Иваск.

В основе эссе выступление на конференции "Марина Цветаева и культурные практики Модерна" (Новосибирск)

Виктор ЕСИПОВ. Татьяна Вольтская: «Будем любить друг друга…»
(«Интерпоэзия». №4, 2017; «Знамя». №2, 2019)

Стихи Татьяны Вольтской печатают и «Новый мир», и «Звезда», и «Этажи», и «Гостиная» — в «Гостиной» она стала лауреатом 2019 года. Но мы сосредоточим внимание на двух публикациях, указанных в подзаголовке, и постараемся понять, что обеспечило высокий поэтическим уровень стихов Татьяне Вольтской и её признание профессиональной средой.

Поэтику её отличает необычайная насыщенность метафорами, невольно вызывающая в памяти оценку Валентином Катаевым поэзии Андрея Вознесенского: «депо метафор». Оговоримся при этом, что никакого другого сходства с Вознесенским у Вольтской нет. Её стих традиционен, насколько может быть сохранена русская поэтическая традиция в наше время, когда всякие традиции сотрясаются новыми, невиданными до сих пор веяниями нового времени, да и сам поэтический язык претерпевает изменения чуть ли не катастрофические.

Тем не менее, Вольтской удаётся сохранять верность этой традиции: грамматически безупречный язык, пренебрежение разного рода формалистическими изысками, искренность и доверительность интонации, традиционность соблюдена и в записи стихов: каждая строчка стихотворения начинается с прописной буквы. При этом стихи её чаще всего сложны и многоплановы, и если уместны здесь математические параллели, то можно с уверенностью сказать, что её поэзия ассоциируется с высшей математикой, оперирующей интегралами и производными.

Татьяна Вольтская обладает особым ви́дением, всё, что попадает в поле её зрения, тут же поэтически преобразуется.

Вот она бросает взгляд на весеннюю Неву, и река, словно женщина, «снимает свое ледяное платье» («Слезится стекло, оплывает стена из воска …»), льдины преображаются в плывущих лебедей («Уплывают льдины-лебеди…»), ветки ёлок уподобляются «вытянутым рукам», которые держат снег («Елки держат снег на вытянутых руках…» («Елки держат снег на вытянутых руках…»), ночь оказывается «с завёрнутым краем стылой жизни» («Занесенные снегом сараи…»), яблоня «тычет в небо /яблок твёрдые кулачки» («Хорошо здесь было коровам…»), а холодный, неприветливой весенний рассвет ассоциируется с суриковским «Утром стрелецкой казни». Примеры можно множить и множить.

И, конечно, большое количество метафор — это мгновенные, запечатленные как будто скрытой камерой, неожиданные кадры родного Петербурга.

И вот все эти своеобразно увиденные приметы внешнего мира, выхваченные изощрённым взглядом Татьяны Вольтской из окружающей среды, – это ещё всего лишь изобразительные детали, первый уровень её поэтики, а дальше идут метафорические сплавы, образовавшиеся из этих единичных, непосредственных прозрений. И получается такая, например, новая, метафорическая реальность:

Спящий не спит – он пьет чёрное молоко ночи,
Взахлёб, колени подтягивая к животу <...>

Спящий – кочевник. Чем его сон короче,
Тем длиннее путь <...>

Спящий – охотник: он забывает отчий
Язык, впереди его – дичью – несется мысль,
Которую он не поймает. Чёрное молоко ночи
Прокисает под утро, превращаясь в кумыс.

Стихотворение представляет собой художественное проникновение в метафизику сна, сна человека творческого, поэта. Ночная тьма ассоциируется с чёрным молоком, которое непрерывно пьёт спящий. Спящий путешествует по времени и пространству, спящий, как охотник за дичью, гонится за промелькнувшей в отдалении неясной ещё мыслью, которая, скорее всего, окажется не пойманной. И что ещё интересно: с ослаблением сна, с приближением к пробуждению, творческое начало ослабевает в спящем, подобно тому как «чёрное молоко ночи», «прокисая под утро», превращается в кумыс, то есть теряет свои первоначальные свойства.
От фиксации внутреннего, подсознательного Татьяна Вольтская легко переходит к проблемам социальным, общественно значимым. И тут проявляется еще одно важнейшее свойство её поэтики: предельная эмоциональная обнажённость, достигаемая особым вниманием к просодике стиха. Её ритмы индивидуальны и выразительны.
Рассмотрим это на примере стихотворении «Мы живём на проспектах имени палачей».
С этой вибрирующей от гнева ритмически энергичной строки, играющей роль камертона, начинается стихотворение. С неё же начинаются также и вторая, и третья строфы (анафора), на строфе третьей задержим внимание:

Мы живём на проспектах имени палачей,
Раскрываем рот – и голос у нас ничей,
Зажигаем в комнате лампочку в сто свечей,
А она освещает лес, перегной, ручей.
Утопивши сапог в промоине в том леске,
Вынимаешь – с дырявым черепом на носке.

> *Бедный Йорик, Юрик, вот он – бежал, упал,*
> *На подушке мха – головы костяной овал,*
> *Через дырочку видно атаку, огонь, оскал*
> *Старшины, колючку, вышку, лесоповал.*

Авторский взгляд постепенно переходит с «палачей» и последствий их преступных деяний на жертв. На жертв, чьи черепа могут оказаться на носке сапога, когда ты ненароком окажешься в «том леске» и оступишься в страшную «промоину». С изменением направления авторского взгляда заметно меняется ритм стиха: «Бедный Йорик, Юрик, вот он – бежал, упал…».

И происходит этот переход от палачей к жертвам под знаком Гамлета («быть или не быть»), ибо открывает этот ряд имен гамлетовский Йорик, а затем уже идёт канувший в безвестности Юрик (внутренняя рифма) и его безрадостная, как у многих тысяч его соотечественников и ровесников судьба: «атака (то есть война) – огонь – старшины оскал» – «вышка – лесоповал» (то есть сталинский лагерь).

А в четвёртой строфе эмоция возмущения и гнева по поводу «палачей» окончательно сменяется другой авторской эмоцией («И куда ни пойдёшь – на запад ли, на восток, Бедные-победные Санёк, Витёк»): сопричастностью, сострадательностью к жертвам, к их безысходным судьбам. И автор, ощущая свою кровную связь со всем, что происходило и происходит в отечестве, осознает свой удел: нести эту тяжкую, безрадостную память о павших до своего собственного последнего часа:

> *У сухого пня с тобой посижу, браток,*
> *Пошепчусь, пошуршу, как сухой листок, –*
> *Пока мне на роток не накинет земля платок.*

В последней строчке переиначенная (частый приём у Вольтской) народная поговорка: «На каждый роток не накинешь платок». А в контексте стихотворения от этого «платка» ей никуда не деться: память о жертвах неизбывна.

На столь же сильной эмоции зиждутся и другие общественно значимые, освящённые гражданским чувством, стихотворения. К ним следует отнести стихи «Вот он, спаситель страны, которой не до спасенья…», посвящённые Юрию Дмитриеву, обнаружившему в Карелии (конец 1990-х), в Сандармохе и Красном бору места массовых захоронений жертв политических репрессий и подвергшемуся уголовному преследованию, которое длится до сих пор.

В этот же ряд органично входит стихотворение с анафорой (тоже весьма распространенный у Вольтской приём) саркастически уничижительной строки «Как я люблю вас, современники» («Как я люблю вас, современники,/ Чьи косточки ещё не ломаны <...> Как я люблю вас, современники,/ В тенёчке ждущие под соснами <...> Как я люблю вас, современники, / Мои случайные попутчики!»).

Столь же эмоционально выразительно стихотворение «Вечерами под окнами Блока», завершающееся просьбой-обращением к великому предшественнику навсегда увести своих двенадцать апостолов «нового мира[1]» из нашей сегодняшней жизни:

Александр Александрович, милый,
Уведите же их, наконец!

Приведёнными примерами, конечно, не исчерпывается гражданская тема у Вольтской, таких стихов у нее множество... Так что же — провозгласим автора поэтом гражданской темы, что само по себе представляет явление достаточно редкое и даже, может быть, удивительное в наше время, если говорить о высокой лирике?

Такое утверждение выглядело бы достаточно обоснованным и справедливым, но есть у неё ещё целый пласт лирики любовной. И вся она посвящена одному человеку, главному человеку всего её осмысленного существования: жизненной встрече с ним и его безвозвратной, невосполнимой потере.

В этих стихах и нежность, и отчаяние, и безмерная сердечная благодарность за то, что человек этот был и, по существу, продолжает присутствовать в её духовной жизни.

Вот он представляется автору неожиданно появляющимся рядом с ней и вновь исчезающим:

...Этой ночью с завёрнутым краем
Стылой жизни, с подтаявшим льдом
Мы друг друга найдём, потеряем,
Потеряем и снова найдём.
И какая нам разница, где мы —
Не вини. Не печалься. Налей...

А в другом случае вспоминается какая-то реальная, жадная встреча, с ним:

...Замёрзшими комьями воздух
Разбросан в остывшей избе
И быстрый ворованный отдых,
Дарованный мне и тебе...

Или возникает потребность в неистовой нежности – в состоянии, близком к отчаянию:

Ну, а я – сквозь поле в полночной саже,
Сквозь внезапно раздавшиеся кусты
Дотянусь – и глажу тебя, и глажу,
Забывая, что руки мои пусты.

И в каждом любовном стихотворении своя неповторимая, сокровенная, уместно было бы сказать, просодика.

Количество любовных стихотворений в лирике Татьяны Вольтской едва ли не является преобладающим. В перечисленных в начале этих заметок публикациях Татьяны Вольтской последних лет обязательно присутствуют стихи «о нём». Особенно значимо представлены они в рассматриваемой публикации в журнале «Знамя».

Среди них и это пронзительное стихотворение, которое невозможно не привести целиком:

Беги-беги походкой резвою –
Вверх – от разлуки до разлуки –
По лезвию любви, по лезвию,
Над городом раскинув руки.

Над этой улицею сирою,
Пустынной, заспанной, в халате,
Беги, опасно балансируя,
Как на невидимом канате,

Над этой жизнью бесполезною,
Скрепленной на живую нитку,
По лезвию любви, по лезвию,
Покуда нежности в избытке,

И над согражданами, падкими
До сладкого и дармового,
И над дождем, босыми пятками
Вдруг прыснувшим от постового,

Беги над пьяными и трезвыми,
По мокрым рельсам и по шпалам,
По лезвию любви, по лезвию:
Оступишься – и всё пропало.

Тут невольно приходят на ум зеркальные в гендерном смысле ассоциации с Петраркой. Ведь действительно, неиссякающая память женщины-поэта о любимом человеке, день за днём, год за годом по неослабевающей внутренней потребности запечатлеваемая в её любовной лирике в таком количестве стихотворений — явление достаточно уникальное и яркое...

Так что же является определяющим в творчестве Татьяны Вольтской: гражданская тема или любовная лирика?

Думается, мы имеем тот редкий случай, когда оба эти направления сливаются в ее творчестве в единый путь, путь любви, как это происходит в одном из последних её стихотворений «Еще одно заброшенное поле...», опубликованном в фейсбуке 8 июля 2019 года:

Но сквозь тебя плывут, как через поле,
То беженцы, скользящие из рук,
То детский плач, то отголоски боя,
То три солдатки, впрягшиеся в плуг,
И корка хлеба, и головка лука,
На поздний ужин – кипяток и жмых.
Сквозь поле незасеянное – руки
Тяну к тебе, но обнимаю – их.

---

[1] Не путать с названием уважаемого журнала.
Свидетельство о регистрации Эл № ФС77—70221
Юридическая информация

Людмила ШАРГА. Так проходит август…

Так кончается август

Каким он будет, августейший мой,
обещанный сиротскою зимой…
Исполненный вселенской благодати
и тишины.
Всё будет тишина.
Я стану ночью грезить у окна
и каждый день менять духи и платья.
И от забот насущных отвлекусь,
ветхозаветных яблок вспомнив вкус.
Сорву одно – мне хватит до утра,
чтобы качнулась колыбель двора,
и вздрогнула свеча пред образами.
Чтоб вспомнить росчерк падающих звёзд
и тихий голос птицы-алконост…
Каким он будет,
кровник,
серпень,
зарев,
властитель тёмных и холодных вод,
дозволивший вкусить запретный плод.
Вода живая, мёртвая вода –
он будет добр и щедр,
он, как всегда,
вознаградит меня по-королевски.
И я успею засветло домой –
в ковчег двора,
в котором над зимой
плыла под парусами занавески,
где в пламени свечи у поставца
остался свет любимого лица.

* * *

Этот август будет похож на сон,
он смешает и голоса и взгляды,
подойдёт бесплотной тенью босой,
опоит беззвучия сладким ядом.
Виноград темнеет, тучнеет тля,
мчится Третий Всадник, коня пришпорив..
И звучит последний полёт шмеля
над холодным морем.

Небеса вечерние так темны,
что и самой ближней звезды не сыщешь,
Но выходит Марс на тропу войны,
а за ним кострища да пепелища…
Я туда ни взглядом и ни ногой.
Я давно иду стороной – по краю,
и когда темнеет звезда Алголь,
камни собираю.
Там где светит белая тень – луна,
там где светит месяц да светит ясен…
Этот август выпьет меня до дна
и вздохнёт: ступай себе восвояси.
А кому- то ягоды да грибы,
огурцы солёные да веселье…
Не девичьим ликом – лицом рябым,
одноглазым лихом идёт похмелье.
Ни избы чужой – ни судьбы другой,
Никогда чужбина не будет в радость.
Но светлеет лик у звезды Алголь.
Так проходит август.

* * *

Смотри, как близко август подошёл –
и дней не разглядеть.
И лишь дыханье
становится на выдохе стихами,
не усмехайся – не криви душой.
И, может быть, они нужней, чем мне,
так часто выдыхаемые строки,
таким же бесконечно одиноким,
летящим над и мимо – в стороне.
Туда, где будет только тишина
и белая печаль – tabula rasa;
плачу за всё содеянное разом –
кому ещё…
Кому ещё должна.
Спешу, пока ещё болит душа,
на выдохе – о встречах и разлуках,
сказать, что жизнь – немыслимая мука,
вот и …рифмую, каясь и греша.
Спешу.
За той чертой, где немота,
несбыточные сны не станут явью:
полёт стрекоз над майским разнотравьем

и белизна последнего листа.
И паутиной затканный провал
окна волокового в том чулане,
где я, покоясь на Господней длани,
преодолею смертный перевал
и тысячу бушующих стихий….
И в этой бесконечной суматохе,
очнувшись не на выдохе – на вдохе,
неосторожно выдохну стихи.

* * *
3.08.2019. Памяти Анны Сон

Господи, ей бы жить да жить,
по вечерам в зеркала смотреться.
Видеть, как свет от свечи дрожит
в такт биению сердца.
Длинными платьями – в пол – шуршать
и обнажать прекрасные плечи
и, замерев у окна, не дыша.
слушать июльский вечер.
Господи…ей бы ещё писать,
тонкой рукою строки касаться,
голосом чистым других спасать,
да и самой спасаться…
Что же Ты лучших к себе берёшь,
всклень наполняя чашу горя.
Лёгкая смерть, говоришь…
Ну что ж.
Мне ли с Тобою спорить.
Мне ли чужую судьбу решать…
И остаётся молчать у портрета,
где отразилась её душа
горним неярким светом.
Стало темнее в Твоём саду,
сбилась давно, на каком кругу я.
Август звезду, как свечу, задул
и не зажёг другую.

* * *

Так легко писалось этой ночью,
набело – без пауз-проволочек,
будто кто водил моей рукой,
и слова ложились на бумагу,
и казалось – шаг,
или полшага –
до того как обрету покой.
Так душа легка была, так пела.
В заоконном мире жизнь кипела,
и калейдоскоп земных страстей
складывал извечные узоры:
там ходили строем,
пели хором
под сюжет последних новостей.
И, наверно, лучше петь могли бы…
Но опять неверно сделан выбор.
Там – «что делать»,
там – «кто виноват»…
И смеялась женщина визгливо.
Розы после щедрого полива
щедро отдавали аромат.
Так легко писалось этой ночью,
ни отточий и ни многоточий –
обретало слово плоть и звук –
спал журавль рядышком с синицей –
доносилось пенье тёмной птицы
и колес вагонных перестук.
Истончалось время, истекало,
плыл восток, мерцая ало-ало,
где-то спали третьи петухи.
Вот и утро.
Автор выпьет яду, –
автору не так уж много надо –
и опять возьмётся за стихи.

* * *

Стихи спасают летними ночами,
но так объятья августа печальны,
и время лодку всё сильней качает:
и страшно и легко – вот-вот отчалит
в неведомые мне миры иные.
Но не избыть пристрастия земные.
Любимые и любящие руки

отпустят, и… не вынесут разлуки.
Чего ж ещё?
Живи. Хозяин-барин...
Из яблок в сентябре варенье сварим
и склеим чашки, что в сердцах разбили,
и всем простим.
Любили – не любили…
Под чай с вареньем –
с коркой апельсинной –
друг другу изливая боль посильно,
укутаемся в вечер звёздно-синий
и вспомним…
Рождество.
Январь.
Россия.
В церквушке старой засветив лампаду,
мы шли с тобой навстречу снегопаду
и вспоминали августа истому,
где мы одни, при свете лампы, дома
роняли вслух классические ямбы
и повторяли: мне бы…
Я бы… я бы.
Душа моя.
Мы живы этим светом.
Пусть мир на волоске и жизнь и лето,
и снова месяц август на исходе.
Но светел каждый миг – как лик Господен.

* * *

Запамятовала?
Из августа так просто не выйти.
Будешь бродить тропинками по-над бездной,
пока не вспомнишь: выход один – море,
взлетев над водой и исчезнув,
лет через триста войдёшь в август со стороны суши,
будто разлуки и не было.
Тебя не вспомнят.
Лишь дом, обветшавший снаружи,
скажет: была.
Любила, когда за окном мело,
яблоки, море, дожди …мужа и сына,
длинные платья носила
и плакала, когда всем было смешно,
уклонялась от обществ и их нагрузок, встреч и объятий,

с ума сходила раз тридцать – немудрено.
И вообще вела себя слишком странно,
слишком замкнуто, слишком уединённо,
жила…
не помня имён соседей, политиков, названия ресторанов,
а Серебряный век – так весь – почти поимённо.
Случалось не раз – не два и не три – исчезала,
а потом объявлялась – будто рождалась заново.
И ещё что-то в тетрадь писала.
По ночам – до рассвета до самого.
Я украдкой окном кухонным – всё же подглядывал,
читал о коте на бархатных лапах,
и о том, что небо августа – Аргус.
И однажды прочёл о себе и заплакал…
Так и кончился август.

Владислав КИТИК. У всех нас родство по древности.
По журнальной публикации Ефима Бершина
(«Дружба народов». №7, 2018)

Самой свежей из указанных в «послужном списке» википедии у Ефима Бершина является публикация в журнале «Дружба народов», №7, 2018. Пять представленных стихотворений написаны не по случаю, а по замыслу. И составляют цельную подборку, прежде всего, интересную тем, что по идейной наполненности она может быть рассмотрена как часть поэтического мировоззрения автора.

Говорить обо всем творчестве поэта нужно было бы с той же масштабностью. Если уменьшить размах, то и в частичном можно найти признаки целого, что всегда бывает, когда речь идет о системе взглядов и видении стихотворного предмета под своим углом зрения.

На предположение, что это именно система, а не отдельные стихи под настроение, наводит существование в них стержневых образов, которые скрепляют подборку. Пожалуй, одним из таких образов здесь является пустыня. Ее явное присутствие или оттеночные признаки можно найти в каждом из представленных стихотворений.

Так, в первой же прочитанной строфе появляется желтый цвет и песок как аллюзия пустыни. Реальное место действия стихотворного сюжета – «балтийские болота», «чухонская тайга». Но здесь же появляются несвойственные этим серым северным краям детали, и там, «где желтеет вода, где все больше и больше песка/ Бедуинским шатром распласталось осеннее небо». Там «ложится на землю верблюжьего цвета листва». Далее появляются «… верблюды и овцы, и женщины цвета песка». И одновременно намечаются две линии в развитии замысла: совпадение по цветовой гамме, присущей осени и песку, и расхождение опознавательных знаков современности и ассоциаций, которые они вызывают у автора. Так, в его образной системе художественно оправданно сравнение тяжелого дождя с «тягучим песком Иудеи» («Но тяжелым дождем на уснувшие крыши домов/ опускается с неба тягучий песок Иудеи»). И вот уже далеко от традиционного настроения, вызванного осенним пейзажем, отстоит просьба: «Если можете, переведите/ недопереведенный народ / в недопереведенном Египте».

В той же мере символичен и образ проливного дождя. Он словно отрезвляет своим холодом и побуждает увидеть жизнь без наносного пафоса: «И с Храма, заслонившего пустырь,/ смывает дождь остатки позолоты». Пустырь – как аналог все той же пустыни. Храм – как некое авангардное прикрытие большой вселенской драмы, замельченной буднями. А истина – рядом и не нуждается в наглядной атрибутике веры: «Из раскрытого тома сквозит бесполезный завет./Лишь в сквозную дыру от пробитой гвоздем ладони/ можно вечность увидеть и прочий нездешний свет»

Осенние мотивы становятся фоном, на котором проступают многие смысловые нюансы пустыни как стержневого образа. А типичные реалии современного города, остужаемого дождем, приобретают смысл контраста с заповедями на скрижалях, полученных во времена ветхозаветные. Поэтому «дождь идет ... глухим напоминанием о Боге», порождая ассоциацию с Потопом. Центральный образ пустыни наполняется обращением к библейским сюжетам и углубляется за счет христианской философии, обращенной ко второму пришествию, к переустройству жизни, к ее обновлению: «Если выйдет пустыня, сюда переселится Бог // И сыграет на скрипке свое сотворение мира». Какого мира? Нашего будничного, обыденного даже, - мира с его «котами и пунктами стеклотары», с его «кремлевскими зелотами», с его «Иродом, покинувшим Мавзолей».

Чудо этого версифицированного воскрешения развенчивается иронией, построенной на несовпадении значимости, которой наделялся кумир, и его бытовой приземленностью: «всесильный Ирод на всеобщем рынке/ недоуменно бродит средь людей/ и милостыню просит на Ордынке».

Это и есть город! Он тоже выступает как сквозной образ, но – противоположный по знаку. Он – неприглядный, неуютный: «Только дождь за окном. Листопад. И ни зги не видно. / То ли ночь на дворе, то ли лето пустили на слом», там «сырое одиночество огней», «улицы горбатые и косые». Вот оно – настоящее, которое заглушает импульс для ликования духа. Задавлены высокие устремления, поскольку «витрины подменяют образа». Для такого бытия «Создатель спит», зато «банкуют кукловоды».

И удручала бы эта приземленность, и подавляла бы желто-серая тональность, сопутствующая движению стиха, если бы за нею не проступала символика бытийного фрагмента. И потому, согласно тексту, за окном уже бурлит не просто город. И не просто люди бредут по Тверской. И как бы ни было грустно смотреть на эту не очень-то радостную картину, сверху «мертвен и горек/ горит небесный Иерусалим».

Он воспринимается как духовный аналог земного города. И в житейской заурядности открывается возможность увидеть высокий свет этого Иерусалима. Тогда, следуя словам автора, произойдет «исчезновенье географий». И в метках, оставленных собаками на снегу, обнажится логика «невиданных доныне геометрий,/ неслыханных доныне теорем». В этом-то и суть, «чтоб попасть через голод и страх/из пустыни – в другую пустыню»!

Так идея подборки восходит к надежде выбраться из серого минора существования, из пустыни, обозначающей нравственную пустоту, и прийти в ту благословенную пустыню, где получают откровение, где те, кто служат истине, становятся сильнее темных сил искушения.

Таким образом, как выход из безысходности (или – как исход), как своего рода развязка, появляется третий вектор: слияние двух начал – предметно-материального и горнего, «Кровосмешеньем улиц и планет» утверждается единство и взаимосвязь элементов мира. «Пастухи и пророки», одинаково принадлежат понятию «пустыня». Нищий сопоставляется с Давидом. И в данной системе образов это не только органично, но и значимо, поскольку обращает к философии духа, с точки зрения которого неизвестно, кто ближе к Богу и более возлюблен Им.

Поэтому венчает подборку идея о том, что «недопереведенный народ» может быть окончательно переведен из пустыни, где царят неприкаянность, одиночество и упадок, в другую пустыню, где происходят прозрения, где есть незримое, но близкое присутствие Бога.

Стихи Ефима Бершина, невзирая на их всеохватную грусть, несут в себе компоненту, необходимую для ищущей души. В ней и находят отклик. Надежда сильней уныния, устремленность оптимистичней бездействия. Из двух противоположностей рождается третье, и этот сюжетный вектор дает стихам развитие по вертикали, смыкаясь с ветхозаветными временами, как бы вырастая из них. Библейские события оживают на современных «российских просторах», где «является призрак пустыни», что можно трактовать как наличие общего корня. Ведь у дней сегодняшних за плечами древность – одна на всех. И по родству с ней все живущие едины.

Никто, - порой, включая и самого поэта, - не знает наверняка, какая внутренняя работа предшествовала появлению стиха. Что заставило подчиниться непраздной силе, притягивающей к письменному столу? Но явно это было созревание концепции, может, выведенной интеллектуально, а, может, смутно прочувствованной. Важно, что подборка из пяти стихотворений (попутная ассоциация с Пятикнижьем) дает возможность рассматривать проблематику в целом, избавляя от необходимости вылавливать отдельные удачные строки и метафоры. Важно, что для выражения своей позиции Ефим Бершин находит точные слова и образы, ясно излагает то, что хочет сказать. И это еще одно достоинство данной философской лирики, к которой, скорее всего, можно отнести его творчество.

Наталия ЕЛИЗАРОВА. Прогулка в средней полосе

* * *

Из стылого дня в ледяное нутро постели —
свернуться, сложиться, словно тебя и нет,
и только лишь ясное слово — рассвет…
Но тьма и мроз, и застывшие стекла на деле.
Бредешь наугад, только ветер колючий в лицо,
а хочется света, огня, теплой радости в доме.
Но ты одинока, как анахореты и вдовы,
и черпаешь сил в разговорах с Небесным Отцом.
Идешь через стужу, спасибо Ему говоря
за то, что дает испытания, вьюгу и ветер,
за то, что любимые также вот мерзнут на свете,
и мимо плывут в этом сумеречье января.

* * *

По застывшему озеру, крытому корками льда
ты идешь мне навстречу, только одна беда:
в легком тумане, в искрящейся белизне
словно не можешь ты подойти ко мне.
Кажется — шаг, и трону тебя рукой,
медленно падает снег, хрустит под стопой.
Губы обветренно шепчут: «Иди…иди…»
Каева льдинка сковала огонь в груди.
Встреча нема, как черная полынья.
Ждет она жертвы, пусть только не ты, не я.
Холод сминает волю, сжимает плоть:
глыбу прозрачного льда нам не побороть.
Убеждаю себя, что лед — это просто стекло.
Не уходи за обледенелый склон.

* * *

Козерожья зима настигает, ступает на пятки,
заставляет по дому искать на меху сапоги.
Не услышав вопроса, киваешь обычно: «В порядке»
и идешь на работу — с работы, печешь пироги,
вяжешь варежки... Врешь! Ты вязать не умеешь,
не научена многим простым, но и важным вещам.
В осень — липнет хандра, а зимою, конечно, болеешь,
что-то вечно роняешь и ранишься по мелочам.
Не с кем слова сказать? Снегири — погляди — прилетели
и сидят на рябинах и ягоды гордо клюют.
Обещают под тридцать мороз и метель на неделе,

Брось им крошек тогда или что там обычно дают?..

«Рождество»

Снег, а в проталинах черное крошево,
ближе к дороге — огни.
Друг, не грусти и не требуй хорошего,
люди в печали одни.
Как рассветет, станет ясно и радостно,
жить встрепенется душа.
Ох уж, все эти загульные празднества:
жизнь во хмелю хороша!
После стоишь у разбитого, трещины
в мыслях, пустоты в речах.
Что там поет эта светлая женщина,
что-то про милость в очах?
Звон растекается, улица светится,
тянется к храму народ.
Вот бы еще с ней когда-нибудь встретится,
с той, что так дивно поёт.

* * *

Летящий снег успеть заворожить,
чтобы соткать салфетки кружевные.
И просто есть на них, и просто жить,
и яблоки наивно-наливные
бросать в сугроб и видеть, как лежат,
теряя яркость жизни уходящей.
И руку до суставной боли сжать.
Зима. Сугробы. Фрукты. Длинный ящик.

* * *

В Каменке нет камней, есть огромный ком —
глыба из снега и льда обняла дома.
Если до города ночью идти пешком
или замерзнешь, или сойдешь с ума.
Канешь в бессмыслицу жадной сырой степи,
ляжет в низах туман, поглощая крик.
Вроде бы молод еще, вроде — кровь кипит,
кинешься к зеркалу — смотрит седой старик.

* * *

Иней с еловых обиженных лап
сыплется серебром.
Вечер. Дорожка ведет не в сад,
а уводит к метро.
Вечность мне в спину тебя кричать,
варежкой рот зажав.
Стало так холодно по ночам,
с верхнего этажа
крики доносятся: «Горько! Эй,
суженый пьет до дна!»
Среди бессонниц и площадей
я у тебя одна.

* * *

Я чищу снег, его здесь намело
на три зимы, и каждый в теплом доме
сидит, пьет чай, кругом белым-бело.
В мои остервенелые ладони
шершавый деревянный черенок
ложится, как последняя надежда.
Весной когда-то прорасти он мог,
и корни дать, и быть побегом свежим.
Но вот зима, и стынет все кругом,
собаку прямо в будке заметает.
Под белым пледом засыпает дом,
и мир под песню вьюги засыпает.
Гудят за перелеском поезда,
и вот в полях закат уже алеет.
Я не о чем ушедшем не жалею.
Жаль, разве, что твой поезд запоздал.

* * *

А вечером немного снег подтаял,
а утром снова густо повалил.
В апреле снег: куда там до проталин,
обманывают нас календари.
Так пусто в доме, выбелены стены,
забытый стул покоится в саду,
и спящие еще стволы и стебли
весенних соков нестерпимо ждут.
О, манна с неба! В город голубое
твое свеченье после увезу.
Ведь для тепла, понятно, нужны двое,

мужских и женских массу клаузул
переведешь, слова менять устанешь,
согреешь чайник, кошка-тут как тут,
пусть помурлычет, ибо одичанье
конечный, предсказуемый маршрут.
И снова снег, лопату взять, и снова
разбрасывать его, пинать, лупить.
Найти свое, единственное слово
и вылепить, но только не «слепить».
Глаза слезятся — слишком много света,
и неба много — задохнется рот.
Пройдет и то, закончится и это.
Пройдешь и ты… И снег к весне сойдет.

* * *

Выпадет снег поутру: подойду к окну.
Если меня вот так оставлять одну,
сразу начну выдумывать сказки снежные.
Что-то тревожно шепчется изнутри,
словно за руку берет, говорит: «Смотри,
это — предчувствие снега, предчувствие счастья!»
Нежный мой и далекий, ты не печалься,
я не пойду в вечерние фонари,
буду смотреть одна из окна луну

* * *

Вот так и вспомнится потом:
Мы — три фигуры в зимнем поле.
Кобель, виляющий хвостом.
Внутри ни радости, ни боли.
Прогулка и почти что март,
пытаюсь догонять собаку,
а позади — отец и мать,
а впереди еще, однако,
полжизни — поле перейти
по насту снежному, по корке,
где каждый шаг — провал почти
туда, куда уходят корни,
куда уходят тихо все
любимые неумолимо.
Прогулка в средней полосе,
машины пролетают мимо.

* * *

На дороге зимней — грязь, приглядишься — соль.
И наступишь трижды, а все ж не оставишь след.
Эта боль в подреберье — только моя лишь боль,
этот отблеск случайный — самый надежный свет.
Притаиться задумаешь, тенью безликой стать,
в одеяла зарыться пуховые до весны,
обезличить барашков и досчитать до ста.
Когда сын был маленький, были иные сны.
А сейчас только черточки, палочке и тире,
а сейчас только слезы смолы на сухой коре.

* * *

Врастать корнями в ледяное дно,
узнать судьбу поющего в пустыне.
Радеть о дальних, если не дано
беречь своих. Не горько и не стыдно
латать в ночи с прорехами белье,
кормить залетных птиц, котов приблудных.
И прибирать, и украшать жилье,
и целовать любимого прилюдно.
Немилые, как много вас окрест,
как душно, как мне тесно нынче платье.
И тщетно ждать с утра благую весть,
душа ее — не сможет — не оплатит.

* * *

Каждый год примиряешься с февралем,
с белизной и холодом заоконным.
Так Господь задумывал мир, а в нем
суть зимы ледяной подковой.
Скачет тройка в лес, а ты лишь блажишь во след,
что зима год от года становится тяжелее.
«Холодно ль девице?» — никому и мороки нет.
Девица стынет, стонет и вот — стареет.
Шаркая ботами, месит февральскую грязь,
пташек прикармливает, кошек бродячих жалеет.
Жизнь удалась? Ну, конечно же, жизнь удалась,
только бы смерть быстрее.

* * *

Хочется, чтобы с утра мороз, чтобы ты пришел,
прямо с мороза, с утра, со снежинками на пальто.
Я бы сказала тебе: "Как хорошо!

Как же ты вовремя! Ну же, садись за стол,
будем пить чай и завтракать". И еще
я говорила бы что-то, не знаю о чем,
ты бы легонько меня потянул за плечо...
Чай бы остыл, на плите подгорел омлет.
Я бы смотрела на снег — на тебя — на свет.

сколько же зим, сколько долгих студеных лет
не заметает поземка забытый след.

Александр МЕЛИХОВ. Пророк, спустившийся на землю.
Солженицын-политик

…это порок русского духа: мы слабеем, когда мы не в сплочённых (и командуемых) массах.
А. Солженицын. «Угодило зернышко»

После триумфального явления народу солженицынского шедевра «Один день Ивана Денисовича» его автор почти сразу же скрылся за политическими тучами. Из которых время от времени доносился сначала гром и лишь затем молния — сначала появлялась разгромная статья и лишь с большим опозданием, на папиросной бумаге, на одну ночь, а то и на полчаса кто-то из друзей подбрасывал едва различимый текст, породивший эти громы. Сейчас уже и не припомнить, что в них было, в памяти осталось лишь собственное ощущение: так их, режь правду-матку!

Однако Солженицын и после высылки продолжал резать правду-матку и либеральному Западу, и либеральным западникам, и понемногу из-за туч начали доноситься голоса, объявляющие Солженицына и националистом, и монархистом, и будущим аятоллой, но все как-то нечетко, все клочками. Только «Красное колесо» прикатилось к нам в полном объеме в перестроечную пору, когда появилась возможность различать и художественные свойства: историческая составляющая необыкновенно интересна, лирическая из рук вон плоха.

Впрочем, историософская идея, явившаяся среди демократического пиршества, от этого не становилась менее сенсационной: Россию убила демократия, «большевицкая» диктатура сумела овладеть только трупом.

Урок «Как нам обустроить Россию» тоже явился своевременно и в естественном порядке — сначала молния, а затем гром. От него и осталось впечатление чего-то всеобъемлющего и громокипящего, не поддающегося ясному и сжатому пересказу. Отчего впоследствии я с большим почтением выслушивал сетования почитателей Солженицына, что если бы, де, его послушали, то все пошло бы гораздо лучше: стало быть, сумели его понять истинно умные головы!

Попробую же к ним присоединиться хотя бы двадцать лет спустя: известно же, что задний ум крепче переднего.

Первое, от чего в свое время радостно захватывало дух: МЫ — НА ПОСЛЕДНЕМ ДОКАТЕ.

Вроде бы что ж тут хорошего? Да ведь это не мы, это наши враги, наша власть оказалась на этом самом докате, а уж мы-то сумеем обустроиться, только бы нам их свалить! И то, что Солженицын не разделял этой эйфории разгулявшегося детсада, говорит о его гораздо большей политической искушенности: мир полон конфликтов, которых мы пока еще не видим. И первейшие из них — национальные: «Ничто нас не убедит, что наш голод, нищета, ранние смерти, вырождение детей — что какая-то из этих бед первой нашей национальной гордости!»

Уже один этот приоритет национальных проблем позволял наиболее благородным нашим интеллигентам отмахиваться от них, подновляя солженицынский ярлык националиста: ведь у нас в детском саду порядочные люди национальностей старались не замечать — избалованные дети больше всего ненавидят свою бонну. Только утекшие годы и утекшая кровь помогли мне понять, что главные наши враги действительно не власть и не бедность (по отношению к пяти процентам обитателей земли), а старость и смерть, бесследное исчезновение. Спастись от чувства бессилия перед которым мы хоть отчасти можем, лишь отождествляясь в своем воображении с чем-то могущественным, почитаемым и долговечным — ничего подобного, кроме национальной принадлежности, сегодняшний безрелигиозный мир предложить не может. И потому тот, кто покушается на наше национальное достоинство, действительно покушается на самые основы нашего душевного благополучия. Оттого-то из-за материального ущерба готовы на убийство лишь отдельные изверги, а из-за национального унижения почти все. По крайней мере, отвернуться, когда это делают другие. Именно поэтому Солженицын был глубоко прав, когда начал с вопроса: «А как будет с нациями? в каких географических границах мы будем лечиться или умирать?»

Но как же он отвечает на этот вопрос? «Надо безотложно, громко, четко объявить: три прибалтийских республики, три закавказских республики, четыре среднеазиатских, да и Молдавия, если ее к Румынии больше тянет, эти одиннадцать — да! — НЕПРЕМЕННО И БЕСПОВОРОТНО будут отделены». Казахстан, правда, излишне раздут, поэтому его «русский север» должен отойти к России. Теперь-то мы понимаем, что подобные «отходы» осуществляются лишь военным путем, а Солженицын уповал на некое мирное сотрудничество неких экспертов — как будто не догадываясь, что тот политик, который уступит хотя бы пядь «родной земли», навеки даст своим конкурентам возможность клеймить его предателем. Такие решения по силам лишь сверхавторитетным вождям, да и то под давлением неодолимых обстоятельств, понятных даже «простому человеку». Который в тот момент никаких таких обстоятельств не видел.

Ну, а «Слово к украинцам и белорусам» еще более наивно: «Да народ наш и разделялся на три ветви лишь по грозной беде монгольского нашествия да польской колонизации. Это все — придуманная невдавне фальшь, что чуть не с IX века существовал особый украинский народ с особым не-русским языком. Мы все вместе истекли из драгоценного Киева, "откуду русская земля стала есть", по летописи Нестора, откуда и засветило нам христианство. Одни и те же князья правили нами: Ярослав Мудрый разделял между сыновьями Киев, Новгород и все протяжение от Чернигова до Рязани, Мурома и Белоозера; Владимир Мономах был одновременно и киевский князь и ростово-суздальский; и такое же единство в служении митрополитов. Народ Киевской Руси и создал Московское государство. В Литве и Польше белорусы и малороссы сознавали себя русскими и боролись против ополяченья и окатоличенья. Возврат этих земель в Россию был всеми тогда осознаваем как ВОССОЕДИНЕНИЕ».

Что, если бы какой-то патетический американец воззвал к англичанам и австралийцам с призывом воссоединиться? Мы, де, и происходим из единого корня, и говорим на одном и том же языке... Или Испания с Португалией предложили это Латинской Америке, если не друг другу? Им ответили бы, что с тех пор возникли новые народы с собственной историей, причем не той, какой она выглядит со стороны, ибо каждый народ руководствуется не научной, а воодушевляющей историей, только и могущей защитить представителей этого народа от страха мизерности, который и заставляет людей объединяться в нации. И то, что в нашей общей истории нам представляется объединяющим, в их воодушевляющей версии может оказаться главным поводом для разъединения.

«И вместе перенеся от коммунистов общую кнуто-расстрельную коллективизацию, — спрашивает Солженицын, — неужели мы этими кровными страданиями не соединены?» Но мы-то уже знаем, что именно «голодомор» служит на Украине одним из важнейших пунктов антироссийской пропаганды...

«Сегодня отделять Украину — значит резать через миллионы семей и людей», — предостерегает Солженицын, хотя отделять и другие им намеченные республики тоже означает резать через миллионы людей и семей — впрочем, о тех миллионах позаботятся всемогущие и великодушные эксперты. Да и Солженицын о них помнит: «Каждое новосозданное государство должно дать четкие гарантии прав меньшинств». Забыл он лишь о том, что любые выданные гарантии сильное большинство, гласно или негласно, тут же заберет обратно, когда найдет это выгодным. Слабым всюду живется не очень сладко...

И в советской империи предзакатного периода жилось отнюдь не хуже, чем сегодня в большинстве новосозданных национальных государств. Худой мир тогдашних межнациональных отношений представлялся Солженицыну чем-то запущенным, запутанным и мерзким исключительно потому, что советский период он оценивал по худшим его проявлениям, а дореволюционный по лучшим: «За три четверти века — при вдолбляемой нам и прогрохоченной "социалистической дружбе народов" — коммунистическая власть столько запустила, запутала и намерзила в отношениях между этими народами, что уже и путей не видно, как нам бы вернуться к тому, с прискорбным исключением, спокойному сожитию наций, тому даже дремотному неразличению наций, какое было почти достигнуто в последние десятилетия предреволюционной России».

Предреволюционный период был периодом закипающих национально-освободительных движений, с которыми власть пыталась бороться принудительной русификацией, стараясь превратить империю в национальное государство, но виднейший идеолог сионизма Жаботинский уже тогда предрекал, что всем национальным провинциям рано или поздно предстоит отпасть и даже на Украине русские острова городов будут поглощены поднявшимся крестьянским морем. А вот поздняя советская власть придерживалась как раз имперской политики: старалась управлять национальными окраинами руками их собственных элит, хранила декорации независимых национальных культур (и сильные культуры — прибалтийские, закавказские — чувствовали себя, пожалуй, и посвободнее, чем русская). При этом лояльность наиболее энергичных и честолюбивых представителей национальных меньшинств покупалась тем, что им открывался путь в имперскую элиту. Этот мудрый принцип нарушался наиболее заметным образом в отношении евреев — пробудив и наделавшее наибольшего шума недовольство.

И, тем не менее, национальную политику советской империи можно назвать сравнительно успешной. Разумеется, никакой дружбы народов никогда не было, нет и не будет: дружить могут люди разных национальностей, но народы никогда, — если народы хотя бы не режут друг друга, уже и за это их укротителям нужно сказать спасибо.

А Солженицын собирался укротить тигров межнациональной конкуренции (самой непримиримой — конкуренции воодушевляющих иллюзий!) какими-то бумажками, «четкими гарантиями»...

Чувствуя слабость своей позиции, Солженицын начинает взывать к неким высшим мотивам: пришел крайний час искать более высокие формы государственности, основанные не только на эгоизме, но и на сочувствии, не гнаться лишь за ИНТЕРЕСАМИ, упуская не то что Божью справедливость, но самую умеренную нравственность. Но какая сила заставит людей отказаться от их интересов — прежде всего психологических, которые и объединяют людей в нации? «Уже кажется: только вмешательство Неба может нас спасти».

«Но не посылается Чудо тем, кто не силится ему навстречу». Искать спасительного Чуда не для торжества над конкурентами, а для мира с ними — это уже само по себе было бы чудом.

Какие чудесные силы должны и ввести в России частную собственность, и не допустить «напор собственности и корысти — до социального зла, разрушающего здоровье общества», то есть какие силы должны помешать сильным эксплуатировать слабых — на этом неприятном вопросе Солженицын не останавливается, тем более что единственными в тот момент хоть сколько-нибудь организованными силами были ненавистные ему КПСС и КГБ. Которые, не помню, сделали ли на рубеже 90-х хоть один необратимо решительный шаг — похоже, мы этими страшными «органами» больше запугивали себя сами.

Откуда возьмется всеисцеляющее САМООГРАНИЧЕНИЕ людей, в чьей природе стремиться к расширению своих возможностей? Солженицын уповает на некие спасительные «низы» — «и здесь, как и во многом, наш путь выздоровления – с н_и_з_о_в». Но если под низами понимать малые коллективы и небольшие территориальные образования, то групповой эгоизм им присущ ничуть не менее, чем целым государствам. Если не более, поскольку их ИНТЕРЕСЫ нагляднее для каждого.

А нужно еще спасать и семью, и школу, и библиотеки, то есть общественная нравственность должна прийти на помощь именно тем институтам, которые сами ее и порождают. «А вот спорт, да в расчете на всемирную славу, никак не должен финансироваться государством, но — сколько сами соберут». Хотя именно национальный спорт мирового уровня как и всякое явление, увеличивающее восхищение человеком, очень мощно служит сплочению нации.

Солженицын как будто и сознает неконструктивность своих политических рецептов: «Если в самих людях нет справедливости и честности — то это проявится при любом строе». Разумеется, если бы люди были ангелами, им были бы не нужны законы. А вот как обустроить далеко не ангелов? И тут у Солженицына отыскиваются лишь стандартные заклинания: о_ч_и_щ_е_н_и_е, слово СОБСТВЕННОГО раскаяния...

То есть нужны движения души, присущие людям совестливым, тогда как проблема заключается в обуздании бессовестных. Для противостояния которым и люди среднего нравственного уровня начинают считать совесть непосильной и неуместной обузой. В итоге нравственность должна породить самое себя. Обычные же политические инструменты — партии, профсоюзы — все это эгоистические корпорации. Остается только укорять единственную организацию, чья миссия печись не о земном: «Оживление смелости мало коснулось православной иерархии. (И во дни всеобщей нищеты надо же отказаться от признаков богатства, которыми соблазняет власть.)»; «Явить бы и теперь, по завету Христа, пример бесстрашия — и не только к государству, но и к обществу, и к жгучим бедам дня, и к себе самой».

В сущности говоря, двадцать лет назад, когда глас Солженицына прозвучал на земле, а не за облаками, в России появилась новая партия из одного человека, сразу же объявившего себя противником каких бы то ни было партий. Среди царства грез о спасительной многопартийности это звучало, звучало…

"Партия" — значит ЧАСТЬ.

Разделиться нам на партии — значит разделиться на части. Партия как часть народа — кому же противостоит? Очевидно — остальному народу, не пошедшему за ней. Каждая партия старается прежде всего не для всей нации, а для себя и своих».

Солженицын ощущал себя единственным истинным заступником народа, тоже единого и неделимого. Сам он «старался», разумеется, не для себя и своих — «своих» у него не было: он противостоял всем реальным политическим силам. Коммунистов он ненавидел пламенно, а «демократов» не без оснований подозревал в групповом эгоизме или как минимум самоупоении. Служа в своем воображении по-видимому тем низам, которые не способны ни целенаправленно бороться за свои нужды, ни даже отчетливо формулировать свои требования в виде политических программ. Да это для Солженицына и не так уж важно: «Политическая жизнь — совсем не главный вид жизни человека, политика — совсем не желанное занятие для большинства. Чем размашистей идет в стране политическая жизнь — тем более утрачивается душевная. Политика не должна поглощать духовные силы и творческий досуг народа».

Но открыть простор или даже пробудить духовные силы народа и обеспечить его творческий досуг должна все-таки политика? Или что-то другое? Из «Как нам обустроить Россию» легче понять то, как нам ее не нужно обустраивать, чем то, как нужно. Что не нужно: не нужно удерживать Советский Союз — все равно развалится (это 90-й год!), нету сил на Империю — и не надо: «Не к широте Державы мы должны стремиться, а к ясности нашего духа в остатке ее», «Могла же Япония примириться, отказаться и от международной миссии и от заманчивых политических авантюр — и сразу расцвела».

Я думаю, даже самые суровые наши прокуроры согласятся, что если Россия и не достигла идеальной скромности по части миссионерства и авантюризма, то сделала огромный шаг в этом направлении. Так почему же он не сделался хотя бы крошечным шагом еще и по направлению к расцвету? Почему коэффициент полезного действия оказался столь жалким — до неуловимости? Может быть, скромность — лекарство международного, а не только внутреннего употребления?

«А до каких пор и зачем нам выдувать все новые, новые виды наступательного оружия? да всеокеанский военный флот? Планету захватывать? А это все — уже сотни миллиардов в год. И это тоже надо отрубить — в одночас. Может подождать — и Космос». Насчет Космоса вопрос отдельный, зато насчет наступательного оружия звучит завлекательно. Только хотелось бы узнать: может ли армия выполнять оборонительную, профилактическую функцию, не обладая наступательным потенциалом?

По Солженицыну, нам многого не нужно: не нужно гордиться, не нужно надеяться на иностранный капитал, не нужно допускать крупной земельной собственности и вообще такой собственности, которая позволяла бы подавлять других, а также справедливость и нравственность — при том, что «независимого гражданина не может быть без частной собственности». А если независимый гражданин сам попирает справедливость и нравственность? Тогда остается лишь вздохнуть: «Если в нации иссякли духовные силы — никакое наилучшее государственное устройство и никакое промышленное развитие не спасет ее от смерти, с гнилым дуплом дерево не стоит. Среди всех возможных свобод — на первое место все равно выйдет свобода бессовестности».

Но откуда возьмутся духовные силы — вопрос остается открытым. Кто допустит «хорошую» собственность и зажмет «плохую», тоже не слишком ясно. Ясно только, что свободные выборы автоматически к этому не ведут: «Достоевский считал всеобщее-равное голосование "самым нелепым изобретением XIX века". Во всяком случае, оно — не закон Ньютона, и в свойствах его разрешительно и усумниться».

Тем не менее: «Из высказанных выше критических замечаний о современной демократии вовсе не следует, что будущему Российскому Союзу демократия не нужна. О ч е н ь   н у ж н а. Но при полной неготовности нашего народа к сложной демократической жизни — она должна постепенно, терпеливо и прочно строиться СНИЗУ, а не просто возглашаться громковещательно и стремительно сверху, сразу во всем объеме и шири».

Строиться снизу… Но КЕМ строиться? Кто тот строитель чудотворный, обладающий мудростью, терпением и силой, способной удержать неподготовленный народ в созидательных берегах?

«Все указанные недостатки почти никак не относятся к демократии малых пространств: небольшого города, поселка, станицы, волости (группа деревень) и в пределе уезда (района). Только в таком объеме люди безошибочно смогут определить избранцев, хорошо известных им и по деловым способностям и по душевным качествам. Здесь — не удержатся ложные репутации, здесь не поможет обманное красноречие или партийные рекомендации».

Это, пожалуй, единственное, что напоминает практическую расшифровку общего рецепта: «Наш путь выздоровления – с н и з о в». «В здоровое время у местных сил — большая жажда деятельности, и ей должен быть открыт самый широкий простор». Кем открыт? И как быть в нездоровое время? Как может государство опираться на силу, которая сама нуждается в опеке? И поглощена исключительно местными проблемами? Многолетний опыт муниципальных выборов показал, что интереса к ним у населения гораздо меньше, чем к выборам общенациональным, а жулья выбирается едва ли не больше. Дух и единство народа пробуждаются единством исторических задач, таких, как, скажем, завоевание Космоса, а не благоустройством разрозненных малых пространств. Их обустройство дело бесспорно очень важное, но к духовной деятельности национального масштаба имеющее отношение весьма отдаленное.

И тут раскаяние и самоограничение, извлеченные Солженицыным «Из-под глыб» 1973 года, окончательно превращаются в средство практического обустройства: «Западную Германию наполнило облако раскаяния — прежде, чем там наступил экономический расцвет»; «Устойчивое общество может быть достигнуто не на равенстве сопротивлений — но на сознательном самоограничении: на том, что мы всегда обязаны уступать нравственной справедливости». Самоограничение — от чего оно только не лечит, восклицает Солженицын в другом своем бестселлере «Двести лет вместе».

Я могу сказать, от чего оно не лечит — от низкой самооценки, являющейся тормозом всякой сколько-нибудь рискованной деятельности, от чувства бессилия и безнадежности, являющихся причиной «безуемного пьянства», упадка инициативы и даже в значительной степени коррупции, в которой массы менее повинны в основном лишь в силу своих малых возможностей. Человеку не дано ограничить самого себя точно так же, как поднять себя за волосы. Человеку дано лишь отказываться от худшего в пользу лучшего. И раскаяние — ощущение, что упустил лучшее в погоне за худшим — может явиться только к проигравшему. А если у него нет лучшей альтернативы, он неизбежно будет довольствоваться тем, что есть.

Из немцев, действительно творивших кошмарные преступления, не покаялся решительно никто. Каяться начали только те, кто в сущности был ни в чем не виноват. Но и тогда они отказывались от худшего в пользу лучшего — отказывались от поражения и звания извергов рода человеческого в пользу звания скромных мирных тружеников.

Я их не осуждаю — так поступают все. Святой отказывается от стяжательства в пользу Царствия небесного, благородный человек отказывается от взятки в пользу красивого образа себя. Сам Солженицын отказался от успешной советской карьеры ради неизмеримо более воодушевляющей миссии народного заступника и борца с красной чумой — а чем он предлагает воодушевляться рядовому российскому гражданину? Сметать с улиц сор? Полезный труд. Но даже самый маленький человек — все-таки тоже человек, он тоже нуждается в психологической защите от чувства мизерности и бренности. Интересный народ — народные заступники: себе для самоутешения избирают высокую историческую миссию, а своим подзащитным оставляют обустройство собственного двора. Сообщество народных заступников — это прямо какое-то общество защиты животных!

Пробуждение народного духа нужно начинать «с в е р х о в» — с вызывающих восхищение исторических задач: наука, космос, искусство, спорт, тоже презираемый Солженицыным. Для успехов в этих сферах требуется и опора не на «низы», а на «верхи» — на романтические, аристократические натуры, нацеленные на исторические свершения. Благодаря которым и рядовой гражданин тоже будет чувствовать себя участником исторических дел, не завершающихся с его смертью. Включить человека в череду поколений, служащих какому-то великому наследственному делу — одна из важнейших задач любого государства, в кризисные же периоды просто важнейшая.

А либералы еще обзывали Солженицына государственником...

Верхом государственной мудрости ему представлялся ПРОЕКТ СБЕРЕЖЕНИЯ НАРОДА, изобретенный в 1754 году при императрице Елизавете Петром Ивановичем Шуваловым, и, разумеется, переводить народ на нелепые бесплодные прожекты это… Это, впрочем, и так всем понятно. Куда менее очевидно, что народ, который начинают оберегать от участия в истории, перестает оберегать себя сам и принимается истреблять себя тем же «безуемным пьянством», наркотиками, безмозглыми авариями, идиотскими убийствами и нелепыми самоубийствами…

Мало кому удается соединять небесное с земным, смешивать два эти ремесла — пророка, взывающего к совести и небу, и политика, дающего исполнимые советы. Не удалось это и Солженицыну. Но героическая судьба и масштаб личности — масштаб притязаний — все-таки затмили его политическую неудачу: он занял прочное место в воодушевляющей истории, ибо в нее попадают за размах, а не за унылое искусство возможного.

Надежда КОНДАКОВА. «Я влюбилась в прощанья…»

ЩЕЛЬ

Это плоть, и это плохо плоти
на невыносимом рубеже
той души, которая в полете
не душа, а мания уже.

Не страна, а Ноева ковчега
многоуменьшенная модель,
где скрывает облик человека
вышеупомянутая щель.

Суть вещей не в вещем распорядке,
не в слепой казарменной возне,
если мель оттаптывает пятки
воровской и прочей новизне.

Ель стоит, надвинувшись на тучу,
словно бы и вправду тяжела
эта хватка темная, паучья,
эта неизбежная игла.

Мгла идет из щели все свободней,
энтропия плачет по нулю.
Гнев Господний. Голос преисподней.
Свет, продетый в мертвую петлю.

ДЕВЯНОСТЫЕ

«Вагоны шли привычной линией…»
А. Блок

Исчезли - желтые и синие.
В зеленых плакали и пели
продрогшие, невыносимые
простонародные свирели.

И флейты провожали жаляще
челночные, душе угодные
одежды из турецких залежей

в те девяностые, свободные.

Одни намылились отваливать,
а ты пытался в это встроиться.
И я еще могла отмаливать
тебя у Господа на Троицу.

И я еще могла надеяться
в Егорьевске у храма Божия,
что мной посаженное деревце
тобою будет обихожено.

Свобода била неуверенно
кому - под дых, а многим - мимо.
Но музыка была потеряна
осталась только пантомима.

* * *
Этот мальчик, порезавший нежные вены,
этот в сумерках века влюбленный герой,
непорочный, как Блок, как де Сад - откровенный...
Но - гора никогда не сойдется с горой!

Только лет через двадцать, а может, и больше,
ты услышишь сквозь зуммер отчаянный крик,
что любовь не сгинела, как вечная Польша!
Так порочная Клио развяжет язык.

И сквозь тысячу русских соборов и башен,
и сквозь сто иудейских великих пустынь
ты увидишь, что слеплен из пыли и брашен
этот мир, погруженный то в ужас, то в синь.

И почувствуешь там, на другой половине
то ли космоса, то ли бездонных Бермуд
как колотится в черной безжизненной стыни,
твое сердце, обвитое тысячью пут.

И восстанешь, как сфинкс - из песка или глины,
или вовсе - из боли, тоски, черноты...
И поймешь, что как прежде, чисты и невинны -
и лукавая вечность, и мальчик, и ты...

ПРИМЕТА

В четырнадцать - так одиноко,
что есть примета:
ты по уши влюбилась в Блока
"не как в поэта".

И сны уже полны желаний,
и мир сквозь щелку
продрался, как сосок твой ранний -
сквозь пламя шелка.

О, эта блузка в ярко-алых
цветах напасти...
Что знаешь ты о небывалых
любви и страсти?!

О безответности, о боли
в такой же драме,
о юной девочке - Любови,
Прекрасной Даме?!

...И не поможет даже гаджет,
и не пытайся!
Отдашься первому, кто скажет:
"Да брось...отдайся..."

В тебя железа и бетона
вопьются скрепы ,
пока поймешь, что жизнь центонна,
читай - нелепа.

Бери ее с любого бока -
не вдруг проснешься!
...А после прочитаешь Блока -
и ужаснешься.

* * *
Дует ветер форштадский,
задевает крылом
то военный, то штатский
облик где-то в былом.
Мы с тобой часовые
друг у друга в судьбе,

что дала чаевые,
то ли мне, то ль тебе.
Горстка мелочи, пепла
от былого огня,
чтобы память ослепла
вплоть до этого дня.
До Урала, что мелок,
до суда, что глубок,
где остался от сделок
лживой парки клубок.
Там не тень - Деифоба,
что водила в Аид,
у знакомого гроба
в школьной форме стоит.

* * *

Она стояла на седьмом этаже
у распахнутого окна.
И, как рассыпанное драже,
была ее дрожь видна.

Она проглатывала нембутал
и запивала вином.
И лист сиреневый трепетал
в неверном огне ночном.

Она дышала в трубку всю ночь,
ни слова не говоря…
И ангел силился ей помочь
в преддверии октября.

А на рассвете спросила, где ты,
а я не знала - где ты.
Но вдруг завяли твои цветы,
предвестники немоты.

Она сказала мне: Сорок лет
веду с тобой этот бой…
А я отправила время вспять,
ответила: Сорок пять…

Она вздохнула: Ну все… и вот
победа твоя близка,
уже снотворное не берет

с полфляжкою коньяка.
...И вдруг на меня из ее окна
надвинулась глубина.
И стала жалость моя нежна,
отчаяния полна.

Я так любила тебя в ту ночь
неслышно, издалека,
пока меня уносила прочь
невидимая рука,
и нерожденную нашу дочь
баюкали облака.

...Тех лет и бед провалился след.
Но, ветреницы судьбы,
слепые мойры идут на свет
из интернеттолпы.
И мне приносят такую весть,
ну просто ни встать, ни сесть.

Мол, генерал, боевая стать,
нарисовал свой дом,
чтобы без памяти выживать.
И научился в нем вышивать
гладью или крестом.

Он никогда не узнал о том,
как у распахнутого окна
стояла его жена.
Как мне ее бездна была видна,
и крестиком спасена.

Ефим БЕРШИН. Точка опоры. К 100-летию Бориса Слуцкого

Начинаю то ли лекцию, то ли концерт. О поэтах Великой Отечественной. Включаю когановскую «Бригантину». Ребята слушают.
– Кто написал?
Молчание.
Идем дальше. Павел Коган, Михаил Кульчицкий, Всеволод Багрицкий, Леонид Вилкомир, Юрий Левитанский, Семен Гудзенко, Ион Деген, Семен Липкин, Давид Самойлов, Борис Слуцкий…
О ком-то слышали, но не более. Потом подходят.
– Спасибо, – говорит мальчик лет примерно двадцати пяти. – Мы об этих поэтах вообще почти ничего не знали. Ни в школе, ни в институте нам о них так не рассказывали.
– Конечно, – добавляет другой. – Только День победы да День победы. Надоели со своим Днем победы, слышать невозможно.
Понимаю. Политики да чиновники все способны испоганить. Но все равно слова эти режут ухо. И что им ответить?
Больше четырех тысяч лет назад, соображаю я, евреи вышли из Египта. С помощью Бога ушли от фараона. И с тех пор ежегодно каждую весну празднуют свое освобождение. Не надоело. Победа в Великой Отечественной – тоже освобождение. Освобождение от такого рабства, которое ни одному фараону не могло прийти в голову.
И ухожу. А в голове все вертится этот список. Были и другие замечательные поэты войны. И Майоров, и Симонов, и Твардовский, и другие. Но все же почему так много евреев? И неожиданный ответ от Бориса Слуцкого:

А нам, евреям, повезло.
Не прячась под фальшивым флагом,
на нас без маски лезло зло.
Оно не притворялось благом.
Ещё не начинались споры
в торжественно-глухой стране.
А мы – припёртые к стене –
в ней точку обрели опоры.

Повезло? В чем повезло? В том, что «без маски лезло зло»? Нет. В том, что «точку обрели опоры». Многие фронтовики признавались, что годы войны после страшных репрессий тридцатых годов стали для них временем относительной свободы. А молодые евреи отыскали в стране того времени «точку опоры». Потому что вместе со всеми, наконец, как равные среди равных, пошли на бой с «фараоном» XX века. Вместе. Со всеми. В тот момент им казалось, что поиск единства со страной проживания, землей проживания увенчался успехом. Можно было наравне со всеми воевать и умирать. Поскольку со страной в тот момент момент был Бог. Здесь сразу же уместно вспомнить фразу Семена Липкина, произнесенную в споре с Василием Гроссманом: «В войне победил Бог, вселившийся в народ». Нетрудно уловить параллель с напутствием Иисусу Навину: «Никто не устоит пред тобою во все дни жизни твоей; и как Я был с Моисеем, так буду и с тобою; не отступлю от тебя и не оставлю тебя».

Слуцкий был среди первых. Майор, политработник. Он даже после войны долгое время сохранял офицерские привычки и поведение. В семидесятых я недолго ходил в его семинар, который он вел при журнале «Юность». Поразило: «После того как я подвел итог, – заявил Борис Абрамович, – остальные должны молчать». Не дословно, но примерно так. Юрий Левитанский рассказывал мне, что Слуцкий довольно регулярно звонил ему и Давиду Самойлову и требовал отчета о проделанной работе: что пишешь? что написал? почему так мало?

Одним словом – комиссар. Наверно, он долго не мог демобилизоваться, закончить войну. У меня есть подозрение, что выступление Слуцкого на том постыдном собрании, когда исключали из Союза писателей Бориса Пастернака, вызвано теми же причинами. Ведь не опубликованный в СССР пастернаковский роман к тому времени Слуцкий явно не читал. Предположить, что этот смелый человек чего-то испугался, тоже не могу. Здесь, скорей всего, другое. На дворе 1958 год. Война еще свежа в памяти. Всего лишь тринадцать лет прошло после Освенцима и Майданека. И победили ведь не только Германию, но и ее главного союзника – Италию. А посему как мог себе позволить Пастернак опубликовать роман на территории «фараона»!

Еврейская тема у Пастернака почти не явлена в отличие от послевоенного Слуцкого, который «прозревал в себе еврея». Но она жила и в крещенном в православие Пастернаке. Причем жила довольно странно, даже таинственно и малопонятно. Малопонятно, если не учитывать бытовавшие и в его сознании параллели с древней историей. Известно, например, что Пастернак крайне негативно отреагировал на стихотворение Мандельштама про «кремлевского горца», заявив, что оно не имеет никакого отношения ни к литературе, ни к поэзии. О вкусах не спорят. Но то, что он сказал позднее Надежде Мандельштам, расшифровке практически не поддается: «Как он мог написать эти стихи – ведь он еврей!» Вы что-нибудь понимаете? Какое отношение это антисталинское стихотворение Мандельштама имеет к еврейству? У меня ответ один: в 1934 году, еще до начала массовых репрессий, для Пастернака Сталин еще был Моисеем, а для более прозорливого Мандельштама – уже «фараоном».

Конечно, русская земля, которую, казалось бы, уже нащупал Слуцкий и другие молодые поэты перед лицом войны, начала уходить из-под ног Слуцкого уже через несколько лет после того, как отгремели последние выстрелы. Не сразу. Постепенно вспомнилось, что носит в себе, «как заразу, проклятую эту расу». Заставили вспомнить и уже никогда больше не забывать. Как мне кажется, здесь кроется главная послевоенная трагедия Слуцкого: победив одного «фараона», он вернулся домой, в «землю обетованную», но обнаружил там другого «фараона» – советского. И русскому поэту Слуцкому с горечью пришлось признать: На русскую землю / права мои невелики. И – как в безысходное утешение: Но русское небо никто у меня не отнимет. Конечно, не отнимет. Тем более что небо, в общем-то, общее, в нем нет границ и национальностей. Но прозревать свои корни в небе – тоже очень еврейская черта, сложившаяся за тысячелетия странствий.

Поэт Слуцкий победил. Гражданин Слуцкий потерпел поражение после великой Победы. В чем и признался:

…Не пробился я, а разбился,
Не прорвался я, а сорвался.
Я, шагнувший одной ногою
То ли в подданство, то ли в гражданство,
Возвращаюсь в безродье родное,
Возвращаюсь из точки в пространство.

Где-то в этом безграничном, безгосударственном, «безточечном» пространстве пребывает Слуцкий и по сей день. Вместе со своими великими стихами.

Катя КАПОВИЧ. Подарок нам

ПЕРЕПИСКА

Вот Пушкин Вяземскому пишет,
и слог его накалом дышит,
вот Вяземский в ответ шлёт письма,
в них – жар души и мысли, мысли.

Вот, значит, было не напрасно
упряжка, черная коляска,
и жизни абсолютно ясной
скрипучий, сонный бег к развязке.

В июне – с бахромою скатерть,
хрустит крахмальное предгрозье,
две девочки, уставши плакать,
в гостиной заплетают косы.

Две девочки-сестры в гостиной,
и это потому так чудно,
что ливень из фрамуги длинной
звук извлекает, как из лютни.

Там на столе – чай и варенье,
и сахара в разломе мрамор,
и всё – одно стихотворенье,
подарок нам той жизни самой.

* * *

На свете счастья нет, а есть покойник в холле
неубранном, пустом. «Прощай навеки, Коля!» -
читаю походя на ленте голубой,
и четко вижу ржавый мотороллер,
и вспоминаю, кто под простыней.

На свете счастья нет. Покоя тоже нету,
вот так откроешь дверь спросонья, а там это,
а там уже в парадной гроб стоит.
А там уж гроб стоит, под ним два табурета,
и слышно, как сосед соседу говорит.

«Допрыгался Колян», — он говорит в раздумье.
На свете счастья нет, был человек и умер.

Надень теперь пальто, на службу выходи.
А за порогом синие петуньи
качаются, как синие кресты.

ДЕТСТВО ОТЦА

Два мальчика катят огромную тыкву,
они ее в поле нашли возле дома,
двадцатого века огромную книгу
читаем сегодня совсем по-другому.

Нет в ней ничего, кроме странных картинок,
ушли господа, что сидели в палатах,
нет в ней ничего, кроме этих тропинок,
смотри, как они ее царственно катят.

Летит самолет сквозь военное небо,
и звезды сияют, как знаки отличья,
тропинка – направо, тропинка – налево,
и тыква грохочет, как желтая бричка.

Они будут есть ее, пить с потрохами,
за зиму военную станут большими
и в небо военное глянут глазами,
и мать не растает в украинском дыме.

* * *

Пусть победит сегодня воинство
другое воинство в войне,
пускай дадут народу вольницу,
какая разница-то мне?

Добро в руках у населения
по-новой превратится в зло,
а мне бы тихое селение,
увеселение моё.

Мою неслышимую музыку,
мою нескучную любовь,
мою вечернюю акустику
скрипящих по снегу шагов.

* * *

В вечерней заспанной аптеке
вдруг вспомнишь: двадцать первый век,
но так и ходит в дыме, в снеге
усталый русский человек.

Всегда пригнувшись под мешочком,
по мокрым лужам скок-поскок
с окурочком, с грудным комочком,
сбиваясь в этом мире с ног.

И вдруг какая-то пружина,
веселая живая злость,
его подталкивает в спину,
и вот он покупает трость.

И жизнь не так уж и напрасна,
и власть не так уж и страшна
ведь мразь везде однообразна,
воображением бедна.

И распрямляется он в росте,
нет злости в мире никакой,
есть только звук веселой трости
по каменистой мостовой.

ДЕВОЧКА ЗА ФОНО

Бог весть что и белый бантик у неё,
от конфеты мятый фантик у неё,
до льняных своих волос на склоне дня
в летнем вечере прописана она.

У неё косая челочка на лбу
и глаза такой зеленой густоты,
и склонила она голову свою,
перелистывая нотные листы.

На неё не положи, прохожий, глаз,
здесь могила для бессмысленных сердец,
здесь играет пианино белый вальс
и всего один в жестянке леденец.

* * *

Музыка ведет на небо нас,
там ни на минуту не смолкает
жизни бестолковейший рассказ
под названьем просторечным память.
А потом опять разводит в хлам,
воду льет на голову больную,
никому тебя я не отдам,
если так ты водишь вкруговую.
Так вот по движению руки
кукла пляшет в пыльной подворотне,
тряпка, на резинках башмаки –
дайте доллар, положите сотню.

* * *

Вот дерево большое, солнценосное,
исполненное света и огня,
вот яблоко, покрытое, как оспою,
насечками сухого сентября.

Возьми в ладони яблоко зеленое,
чьи косточки прозрачны, словно дни,
в нем небо белое с землею черною
вдохни на миг и снова выдохни.

Пока всё тускло в мире навсегда еще –
бессмысленные тучи, небосклон,
есть мир другой, по правилам играющий,
как в кубике циркония – огонь.

И если слышу я все ливни с ветрами
в две тысячи шестнадцатом году,
то это юность яблоками бледными
над миром покатила в пустоту.

* * *

Я ехала в печальный дом,
чтоб друга навестить,
я думала о том, о сем,
тянулась мыслей нить.

Как просто взял он на себя
и тихо нес в миру
простое звание шута

подобно королю.
Когда прямой, надменный друг
выходит в коридор,
он посылает меня вслух,
и так нормален взор.

С такой посадкой головы
глядите в нашу явь,
вы, века взрослые умы,
на детский мир забав.

* * *

В один из дней с глазами с синевой
пойти от электрички на конечной,
весенний пух плывет над головой,
в витрине отражается аптечной.

Какие лица смотрят на тебя
и кто тебя в провинции встречает?
Лишь треугольных листьев вензеля
опять к пустому берегу причалят.

В земле, одетой в облетевший пух,
над родиною – тополиный насморк,
на грозовой отчаявшийся звук
здесь небо осыпается в алмазах.

Здесь дождь идет с окраин к центру лет –
возьми, метеоролог, на заметку -
здесь звук всегда опережает свет
и запах липы попадает метко.

В такое время зреньем свысока
смотреть и различать в кругах по лужам,
какую встречу странную с минувшим
намешивают в чашке облака.

И ничего при этом не поймешь,
отрезанный ломоть, с водою силос,
зачем такую вызывает дрожь
та лодочка, что к берегу прибилась.

Людмила ШАРГА. «Я издали беседую с тобой…».
Жизнь и творчество Галины Кузнецовой

*По имени назвать тебя не смею
И за руку тебя не смею взять
И вечером в высокую аллею
Одна иду беспомощно блуждать.*

*Сырая тьма приносит запах чайный
Белеющих по стенам смутно роз,
И ночь сама томится грешной тайной
Неразрешимых, ядовитых слёз.*

*И там, вверху, где факелом угрюмым
Чернеет кипарис сторожевой,
Беспомощной и пламенною думой
Я издали беседую с тобой.*

Что за комиссия, Создатель, учеником великих слыть…
Пиши в оригинальной, только тебе присущей манере, или же подражай учителю, всё одно почерк твой будут сравнивать с почерком учителя и находить, и отмечать влияние его гениальной руки, если не прямо, то косвенно причисляя к эпигонам и тебя и всё написанное тобой. А твои стихи, равно как и проза, пронизаны тончайшей грустью, которая нежна и легка, которая не в тягость – но во благо.
К сожалению, «умники» и «умницы» от литературы отметят лишь одно твоё произведение. Назовут «примечательным явлением и содержательным историко-литературным источником», главной книгой твоей жизни.
Конечно же, это – «Грасский дневник», ведь в нём описаны годы жизни рядом с ним – с учителем, с великим Буниным.
С их подачи ты интересна лишь как яркий эпизод его жизни, трагедии и любви.
Удостоив титула «Грасской Лауры», они определят твоё место... не в литературе, нет, в трагическом любовном треугольнике.
Что ж.
Можно предположить, что однажды кому-то станут интересны не только страсти, кипящие в Грассе, а твоя жизнь, ты сама, что стихи твои будут близки кому-то, и возникнет неуловимая связь, определяющаяся как родство душ.
Лучший способ узнать о душе – стихи. Их междустрочия.
И дневники.
События, судьбы, имена,   к которым я сегодня   осторожно

прикасаюсь, происходили во Франции тридцатых и сороковых годов прошлого столетия, в Париже и в местечке Грасс, недалеко от Ниццы – на вилле «Бельведер».

Что собой представляла Франция тех лет…

Цвет русской эмиграции: поэты, художники…певцы, актёры

В ресторане «Казбек» на Монмартре, «Большом Московском Эрмитаже», «Казанове», «Шахерезаде» поёт свои «песенки» печальный Пьеро – Александр Вертинский.

Выступает его ученица — Людмила Лопато, певица кабаре, позднее её назовут хранительницей традиции исполнения русского и цыганского романса.

На сценах парижских театров блистают балерины Анна Павлова и Тамара Карсавина.

Подходят к концу знаменитые русские сезоны Сергея Дягилева – они окончатся в 1929-ом, вместе со смертью великого их организатора и вдохновителя.

Звучат голоса французских шансонье…Мистенгет , Морис Шевалье, Жозефина Беккер, Эдит Пиаф, Жорж Брассенс, Жак Брель, Джульетта Греко, Шарль Трене, Борис Виан, Ив Монтан, Тино Росси, Шарль Азнавур

Из радиоприёмников в маленьких кафе на парижских улицах доносится голос Люсьен Буайе: "Parlez-moi d'amour… Мы ещё вернёмся сюда, но прежде перенесёмся в Киев. Именно там 10 декабря 1900 года и родилась Галина Кузнецова.

И я жила, за днём встречая день,
Среди домов и улиц старосветских,
Любила их скосившуюся тень
И в садиках персидскую сирень,
Наперсницу моих мечтаний детских.

Меня грустить учили соловьи
На высоте мазепинских откосов,
И первые томления любви
Ресницы там туманили мои
И светлые отягощали косы.

Я приняла в себя печальный хмель
Пустых церквей и старых укреплений,
И стал сентябрь милее, чем апрель,
Моей душе…

Детство её прошло в пригороде Киева, на Печерске.

Вскоре с матерью и отчимом она переезжает на Левандовскую улицу, славившуюся огромными раскидистыми каштанами. Впоследствии – в Париже – ей казалось, что тамошние каштаны пахнут и цветут совсем не так, как в Киеве, и соцветия-свечи их не так прямы.

В 1918 году она окончила первую женскую гимназию Плетнёвой, получив вполне классическое образование для девушки из приличной семьи.

Вышла замуж рано, из-за сложностей отношений в семье. Она упоминает об этом сдержанно – вскользь, в автобиографическом романе "Пролог" и, конечно, в дневниках.

Город широких улиц,
Тенистых улиц-аллей.
Город старинных храмов
И белых монастырей.

Осенью в грустных парках
Сквозь листьев зыбкий навес,
Южные звёзды ярки
На чёрном шёлке небес.

Днём на жёлтых дорожках
Узорных клёнов листы.
В небе высоком – Лавры
На солнце горят кресты.

Звонкое эхо песен
С широкой синей реки,
Где под зубчатым лесом
Спят золотые пески.

Город дальнего детства,
Я слышу сквозь шум морей
Шелест ночного ветра
В ветвях твоих тополей.

Осенью 1920-го года, вместе с мужем – Дмитрием Петровым – Галина покидает родину. Вначале – в Константинополь, на одном из пароходов, которые уходили тогда переполненные отчаявшимися, бегущими в ужасе и безысходности, людьми.

Затем – в Прагу, где они некоторое время жили в общежитии молодых эмигрантов "Свободарне". Галина стала студенткой

Французского института, там же, в Праге, появляются её первые газетные и журнальные публикации.

В 1924 году семья перебирается во Францию.

Полно и щедро твоё наследство.
Сладко мне бремя его нести.
Точно янтарь полноцветный, детство
Тяжкою нитью лежит в горсти.

Лоб окропив в расписных воротах,
Денежкой звякнет в стакан слепца,
Солнцем осветит в церковных сотах
Нимб погружённого в тень лица.

Вынесут ломоть ржаного хлеба.
Сяду на паперть мечтать и есть.
Чем мне так дорого это небо,
Голуби, кровель, рябая жесть?

Видно, сестрой простых богомолок,
Пальмовой ветвью кропя лари,
В сумрачный мир мне нести осколок
Золотоглавой твоей зари.

«…В первый раз говорила с Буниным у него дома, придя по поручению пражского профессора. "Вы едете в Париж? Не можете ли вы передать Бунину эту книгу… Думаю, что для вас, молодой поэтессы, будет весьма полезно познакомиться с ним".

Я смотрела на свою тетрадь в черном клеенчатом переплете, которую он бегло перелистывал.

"Кого же из поэтов вы больше всего любите?"

Я ответила не совсем честно – я любила не одного, а нескольких. Ахматову, Блока и, конечно, Пушкина:

– Гумилева.

Он иронически засмеялся.

– Ну, невелик ваш бог!

Ушла разочарованная. Бунин показался мне надменным, холодным. Даже внешность его и – показалась мне высокомерной. Я решила забыть о своей тетради и о своем знакомстве с ним. Я не знала, что этот человек в свое время окажет на меня большое влияние, что я буду жить в его доме, многому учиться у него, писать о нем.»

В большой, тяжёлой книге бытия,
Что для тебя, всезнающего, я?

Простой и слабый, белый мотылёк,
Наивно развернувшийся цветок,
Дитя, которому твоя рука
Отодвигает локоны с виска...

В великолепной книге бытия
Что для тебя теперь любовь моя?

Старенькая двухэтажная вилла «Бельведер», которую снимала чета Буниных, парила над Грассом. Ещё ниже лежала Ницца, туда вела Наполеоновская дорога: когда-то по ней прошла его армия. Здешние виллы утопали в садах и виноградниках, кипарисах и пиниях. Дворик бунинской виллы, вымощенный плиткой, выдавался вперёд, будто капитанский мостик — отсюда открывался прекрасный вид на горный хребет Эстераль, на долину и синее море. Во дворе — стол, летние стулья, шезлонги, качели. Здесь гостили Рахманинов, Алданов, Мережковский и Гиппиус, Андре Жид, Зайцевы, Борис и Вера, Ходасевич с Берберовой, Иван Шмелев, Куприн…

Пролился свет над неподвижным садом.
Из купола седого облака
Плывут, плывут широким белым стадом,
И им вослед гляжу безмолвно я
Расширенным и упоённым взглядом.
Волшебная и страшная земля
Мне чудится огромным странным садом,
Где безутешно жизнью грежу я.

На первый взгляд казалось, что все обитатели виллы прекрасно ладят: Бунин и Вера Николаевна, Зуров и Галина, а позже и близкая подруга Галины, Марга Степун, певица – сестра известного в эмигрантских кругах журналиста и литератора Федора Степуна.

Вера Николаевна Муромцева – жена Бунина – оставила дневники и письма, Галина Кузнецова, уже живя в Америке, написала «Грасский дневник». В дневниках этих удивительных женщин обычная жизнь – день за днём.

С утра Иван Алексеевич поднимает всех, торопит, подгоняет. Пока он делает гимнастику, Вера Николаевна и Галина накрывают на стол.

Галина ходит по саду, срезает розы.

О, этот сад! Нескошенной травой,
Зелёной сетью путая колени,
Весь захлебнувшись знойной синевой,
Он молча слушал жалобы и пени.

В прорыв ветвей поток далёких крыш
Катился вниз своим сухим кораллом,
И пробковых дубов над камнем жарких ниш
Недвижимо стояло опахало.

И небеса такою болью жгли,
Таким ликующим и беспощадным светом,
Что гаснущим глазам казалась грудь земли
Единственным приютом и приветом...

Сад принял слёз младенческий поток,
Благословил своею чащей чистой,
Послав щекам чуть слышный холодок
Целебной свежести на лентах травянистых...

«Князь — домашняя кличка Бунина — первым поднимается наверх, в свой кабинет. Галина — в свою комнату, Зуров — в свою. Жизнь еще благополучная, мирная, есть достаток. Позже начнутся перебои с продуктами, топливом, а там и вовсе голод и холод, — но странная эта коммуна не распадётся. Начнётся война, они будут жить в другом месте, на вилле «Жаннет», но всё останется по-старому».

«...Когда гости уезжали, я шла ходить по саду. И. А. звал меня и давал несколько листов, написанных за последние дни, с которыми я забиралась на верхнюю террасу и, сев на траву, принималась за чтение. Однажды, прочла, подняла голову и засмотрелась: на нежном розово-голубом вечернем небе венцом лежали серые вершины оливок, воздух тихо холодел, был такой покой и нежность и какая-то задумчивость и в небе, и в оливках, и в моей душе. Почему-то вспомнилось детство, самые сокровенные его раздумья и мечты. В листах, лежавших на моих коленях, было тоже детство нежной впечатлительной души, родной всем мечтательным и страстным душам. Самые сокровенные, тонкие чувства и думы были затронуты там. И глава кончалась полувопросом, полуутверждением в том, что может быть для чувства любви, чувства эротического, двигающего миром, пришел писавший ее на землю. И я глубоко задумалась над этим и спросила себя – для чего живу я и что мне милее всего на свете?»

На горной дымке, смутно-голубой,
Узор ветвей раскинутых и снежных...
Всё, всё, что мне даровано тобой,
Я сохраню в сокровищнице нежной.
Меня ничто не мучает, не жжёт
По взглядом глаз твоих орлино-зорких...
Так пчёлы собирают сладкий мёд
С иных цветов, губительных и горьких.

«...отстрадав жаркие часы за машинкой в комнате, я пишу на воздухе, в конце сада, на мраморном столе, который приятно холодит мне руки. Вечернее солнце мягким желтым светом обливает большую пышную ель, зеленым облаком лежащую на низкой равнине, а позади на бледном, туманном от зноя небе огромная волна Эстерели, с теплыми тенями в глубоких впадинах, встает как некое допотопное чудовище, огромное и прекрасное. Какая-то птица еле слышно журчит в кустах легколистного желтого бамбука за моей спиной. Мне хорошо и немного грустно, как всегда в такие минуты созерцательного покоя. Я не думаю о будущем, а прошлое рисуется затуманенно и кротко-грустно. Больше всего я люблю эти вечерние часы на воздухе...»

Мне с каждым часом мир дороже...
Склонясь с высокого моста,
Смотрю: сафьяновою кожей
Внизу волнуется вода.

И мягко с матового свода
Полуприкрытый льется свет...
Благодарю тебя, природа,
За всё, чему названья нет.

За всё, что дышит, светит, манит,
Томит тревожною тщетой,
Всё, что сиять не перестанет,
Когда я стану пустотой.

«11 декабря 1927 года.

...Чувствую себя посредственно. Голова действует поспешно и беспорядочно. Однако, стараюсь заниматься. Вчера взяла открытку с головой Мадонны и стала описывать её стихами. Вышло следующее:

В косынке лёгкой, голову склонив,
Она глядит покорными очами
Куда-то вниз. За узкими плечами
Пустая даль и склоны темных нив,
И городской стены зубчатый гребень,
Темнеющий на светло-синем небе.
Она глядит, по-детски рот сложив,
И тонкий круг над ней сияет в небе.»

«... Нельзя садиться за стол, если нет такого чувства, что точно влюблена в то, что хочешь писать. ... У меня теперь никогда почти не бывает таких минут в жизни, когда мне так нравится то или другое, что я хочу писать...»

«... нельзя всю жизнь чувствовать себя младшим, нельзя быть среди людей, у которых другой опыт, другие потребности в силу возраста. Иначе это создает психологию преждевременного утомления и вместе с тем лишает характера, самостоятельности, всего того, что делает писателя...»

«Чувствую себя безнадежно. Не могу работать уже несколько дней. Бросила роман».

«Чувствую себя одиноко, как в пустыне. Ни в какой литературный кружок я не попала, нигде обо мне не упоминают никогда при "дружеском перечислении имен". Клубок тоски и удушающей безысходности становился всё более запутанным и тугим...».

Над головою сухо шелестит
Густой намёт зелёных твёрдых листьев.
Блестя слюдою, стрекоза летит,
К полудню крепче пахнет сад смолистый.

А там, за садом, нежным дымным дном
Лежит долина в солнечном тумане,
Леса седым курчавятся руном,
В светящемся теряясь океане.

Под солнцем дремлет город. Блеск листвы,
Уступы, стены, черепица, своды,
В тени платанов каменные львы
Из круглых ртов выбрасывают воду,

И женщина у их волнистых грив,
Полуденному радуясь безлюдью,
Садится, взор в пространство устремив,
И кормит сына нежной белой грудью.

И всё вокруг, как завтра, как вчера,
Не помнит о конце и о начале,
И вечно в небе голая гора
Купается в сиянье синей дали.

Галина обожала морские купания и солнце, которое золотило её ладную, маленькую женственную фигурку. Она напоминала озорную девочку-подростка: носила простые сандалии, открытые лёгкие платья, короткие юбки, была загорелой, юной, и как в юности — то беспричинно весёлой, то грустной.

Но дни безмятежного, беззаботного существования прошли.

Вера Николаевна пишет в своём дневнике: «...мы так бедны, как, я думаю, очень мало кто из наших знакомых. У меня всего 2 рубашки, наволочки все штопаны, простынь всего 8, а крепких только 2, остальные в заплатах. Ян не может купить себе теплого белья. Я большей частью хожу в Галиных вещах».

Запись сделана в самый канун 1933 года, года, который разрушил "Монастырь муз" — так Вера Николаевна называла виллу «Бельведер»

10 ноября 1933 года стало известно, что Иван Алексеевич Бунин удостоен Нобелевской премии, а 10 декабря 1933 года шведский король Густав V торжественно вручил Нобелевскую премию в области литературы первому из русских писателей.

Впрочем, в Советской России к этому отнеслись прохладно и даже едко.

Примерно в те же дни Галина пишет:

«...последнее время всё чаще бываю с В. Н. Сейчас она больна и мало выходит. Вчера мы обе оставались вечером дома, лежали на её постели и говорили о человеческом счастье и о неверности его представления. Человеческое счастье в том, чтобы ничего не желать для себя. Тогда душа успокаивается, и начинает находить хорошее там, где совсем этого не ожидала».

Горят цветы на сером камне стен,
Журчит вода по каменному ложу,
И крылья пальм в горячей вышине
На перья шлема чёрного похожи.

О, если б жить в прекрасной пустоте!
Сходить к колодцу с глиняным кувшином,
Смотреть, как дрок желтеет в высоте,
Как лиловеют горные вершины.

*И вечером безоблачного дня,
Когда бредут по уличкам коровы,
Молить: «Мария, сохрани меня», —
Заслыша колокол средневековый.*

В конце мая 1934 года в Грасс приезжает Марга Степун.
Из дневника Веры Николаевны:
«Марга у нас третью неделю. Она нравится мне. ... Можно с нею говорить обо всём. С Галей у неё повышенная дружба. Галя в упоении и ревниво оберегает её от всех нас: (8 июня 1934 года)».
«Марга довольно сложна. Я думаю, у неё трудный характер, она самолюбива, честолюбива, очень высокого мнения о себе, о брате (Фёдоре) и всей семье. ... Но к нашему дому она подходит. На всех хорошо действует её спокойствие. ... Ян как-то неожиданно стал покорно относиться к событиям, по крайней мере по внешности: (14 июня 1934 года)».
«Дома у нас не радостно. Галя как-то не найдет себя. Ссорится с Яном, а он - с ней. Марга у нас: (8 июля 1934 года)».
«Галя, того гляди, улетит. Её обожание Марги какое-то странное. ... Если бы у Яна была выдержка, то он это время не стал бы даже с Галей разговаривать.
«Уехала Марга. Галя ездила её провожать до Марселя: (23 июля 1934 года)»

*Колоколов протяжный разговор
В тумане нарождающейся ночи.
Гряда крутых, волною вставших гор
На тусклом небе кажется короче.*

*Летим, летим на мягких крыльях вниз,
Туда, где пар, где бледное сиянье,
Где в море мёртвое вступает тёмный мыс
И небо обрывает мирозданье...*

*Земную жизнь без-славно я несу,
Меня печаль без-помощная гонит
За тающую в небе полосу...
Возьми меня. Задумай в новом лоне.*

После начала Второй мировой войны Галина и Марга, волею судеб и обстоятельств, были вынуждены просить убежища у четы Буниных. В Париж вошли немецкие войска. Марге грозила опасность – она была еврейка. Так что окончательно разорвать отношения не получилось.

Вера Николаевна была искренне привязана к Галине, да и Иван Алексеевич вынужден был примириться.

Осенний дождь тоскливо сеет,
Унылый берег оцепенел.
В тумане мутном едва сереют
Густые волны Дарданелл.

На мысе камни пустой мечети,
Руины, спины горбатых гор,
Как будто трупы былых столетий,
Как будто пасти звериных нор.

Ныряет в море седом фелука,
Дырявый парус легко круглит...
О, быть пришельцем – какая мука,
Как горько сердце моё болит.

В 1949 году Галина с Маргой уехали в США, с 1955 года сотрудничали с русским отделом ООН, с которым впоследствии – в 1959 году – переехали в Швейцарию – в Женеву. Они прожили вместе долгую и, вероятно, счастливую жизнь. Мюнхен стал их последним земным пристанищем. Марга Степун скончалась в 1971 году в возрасте 76 лет.

Галина пережила её всего на пять лет – её не стало зимой 1976-го... Они и после смерти были неразлучны – покоились в одной могиле, но в девяностых годах это захоронение было уничтожено.

После смерти Галины пропал архив, практически всё, написанное ею. Друг Галины – профессор-славист из Франции Рене Герра нашёл лишь «Грасский дневник», вышедший в 1967-ом году, в Вашингтоне, отдельным изданием. «Грасский дневник», который сама Галина вполне справедливо назвала «Горестный дневник».

Иконостас. Суровые иконы.
Далёкий город умеряет гул.
Я здесь кладу последние поклоны,
Чтоб ты в Саду Господнем отдохнул.

Надеюсь я – твой дух не отлетает,
Читает мысль мою из-за плеча,
В моей руке дрожит и оплывает
Заупокойная свеча...

*Горюю я – крылом сдвигаю крышу
Безмолвного и тесного жилья,
Чтоб слышал ты, как тёплый ветер дышит
В селениях степного ковыля.*

*Смогу ли всё пересказать сначала –
Твоё наилюбимое дитя –
Чтоб ты восстал из земляного вала,
Нетленными сединами блестя?*

*И самым тихим, самым нежным пеньем
Баюкая твой утомлённый сон,
Верну ли я тебе благоговейно
Поэзию младенческих времён?*

«Ее стихи своей пластичностью близки поэзии акмеистов; вместе с тем в них – соприсутствие тайны, мистическая стихия, без которой не может быть поэзии», – писал издатель А.Бабореко.

В поэзии она – безусловно, – мистик, созерцатель, мыслит сложными, абстрактными образами и символами, ловит некие «прекрасные мгновения», которые и являются определяющими в жизни. Чувства ее смутны, не вполне осознаны и проникнуты приметами неземными, «серафическими».

В её сборнике «Оливковый сад», вышедшем в 1937-ом году в Париже, почти нет стихов о любви.

Для нее ценно «открывание повсюду таинственных заветных примет»... чего? Она не знала.

О стихах Галины Кузнецовой сегодня можно прочесть разное.

Но, всё-таки, изначально лучше прочесть сами стихи, где каждый найдёт что-то своё, для себя.

*Оставить в мире память о себе!
Ни имена, ни книги, ни преданья,
Ни скудные друзей воспоминанья
Не скажут о земной моей судьбе...
О, если бы на обнажённом мысе
Сияли между смольных кипарисов
На мраморном, на гробовом гербе
Два слова, посвящённые Тебе!*

Известно, что в то время (семидесятые годы прошлого столетия) никто не проявил интереса к приобретению архива Ивана Бунина и Галины Кузнецовой. Сама Галина неоднократно предлагала передать или переслать письма Бунина, альбомы с фотографиями, целый портфель писем Веры Муромцевой.

К сожалению, её никто не услышал...

Пусть всё изменит, всё пройдёт:
И прелесть этих слов влюблённых,
И томность этих рук сплетённых, –
Есть в мире неба синий свод,
Дороги белый поворот
И гроздья звёзд средь елей тёмных...

В тексте использованы стихотворения Галины Кузнецовой из книги «Оливковый Сад» (Париж, 1937г.), фрагменты из её дневников и дневника Веры Николаевны Муромцевой-Буниной.

P.S. Галина Николаевна Кузнецова (по мужу Петрова; 10 декабря 1900, Киев — 8 февраля1976, Мюнхен) — русская поэтесса и писательница, мемуаристка.

В 1918 окончила в Киеве первую женскую гимназию Плетневой, в 1920 вместе с мужем, белым офицером, уехала в Константинополь, затем перебралась в Прагу, а в 1924 поселилась в Париже.

Писала стихи и прозу, с 1922 её публикации стали появляться в журналах «Новое время», «Посев», «Звено» «Современные записки», их заметила критика (Вяч. Иванов, Г.Адамович и др.).

В 1924 или 1926 через Модеста Гофмана познакомилась с Буниным, у них начался бурный роман. Кузнецова разъехалась с мужем. С 1927 жила вместе с семьей и домочадцами Бунина в Грассе.

В 1933 познакомилась с сестрой Фёдора Степуна Маргаритой (1895—1971), в 1934 уехала к ней в Германию. В 1941—1942 подруги снова жили в семье Буниных. В 1949 они переехали в США, работали в русском отделе ООН, в 1959 были вместе с отделом переведены в Женеву, закончили жизнь в Мюнхене.

Алена БАБАНСКАЯ. Немая вода

* * *

Северный говорок округлый
Вертится колобком.
Пахнут небес хоругви
Хлебом и молоком.
Легкими кружевами
Свежий на лужах лёд.
Жили да поживали,
Снега встречали лёт
Снежным потешным боем,
Саночками с горы.
Скатывались гурьбою:
Вот и лицо горит.

* * *

Мороз, но тает снег на варежках,
И слиплись волосы под шапкой.
В сугроб с портфелем школьным валишься:
Смешно, и жарко.
Небес мигающая матрица,
Как будто ей заняться нечем,
Все всматривается и всматривается
В барахтающихся человечков.

* * *

У медведей средней полосы
Теплые подмышки и носы.
И живот, горячий, как Везувий.
На коленях одного везу я.
Он устало тряпочкой повис.
Пахнет карамелькой «барбарис».
Не рычит, прохожих не царапает –
Лапою болтает косолапою.

* * *

Как ветер закипает в небесах,
Как завывает и меняет свойства!
Беснуется невидимый десант,
Орда ли, войско.
Проходит жирной рябью по воде,
Трещит дубами, ломится подлеском.
У ивы в поредевшей бороде,

Закрутит леску.
Разбередив опавшую листву,
Сквозь облачность продернет луч любезно,
Оставит сотню листьев на плаву.
Но «сколько их упало в эту бездну».

* * *

Желаю жить неторопливо,
Лишь кроной шевеля порой,
Как эта царственная ива
С щербатой древнею корой.
Не безрассудна, не кичлива,
Почуяв гибельный мотив,
Вот-вот с отвесного обрыва
Сорвётся, землю отпустив.

* * *

Хочется в лес по грибы и по ягоды,
Хочется плыть на медлительном катере.
Только погоды то жарки, то слякотны,
Тучи над водами катятся, катятся.
Слушать, как сосны шумят под Кременьем и
Чай попивать из китайского термоса.
Думать, что участь моя переменится,
Снегом покроется,
Слюбится, стерпится.

* * *

А если дерево – дичок,
С тугими, мелкими плодами,
В нем время медленней течёт,
Незамутнённое садами.
И от него всего-то прок,
Что летом тень и птичий посвист.
Все между строк, все между строк,
Все – ненаписанная повесть.

* * *

Дерево кажется зверем, а птица веткой.
Тени мелькают и облака поверху,
Ветер свистит,
Скрип деревянный, ветхий,
Солнце в глаза, ты прикрываешь веки.
Только кипят окрест запахи, блики, звуки,

Только жужжат шмели, старой травы шуршание,
Птичий гремит оркестр:
Марши, сюиты, фуги.
Рыба снует в реке, маленькая и большая.

* * *
В жаровне летней сада –
Пылающий огонь.
И тяжесть винограда
Легла в мою ладонь,
Как будто это грезы
Навеивает зной,
Как будто это звёзды,
Спрессованные тьмой.

* * *
Вязнет сумерек сгущёнка,
Оседает тьма на дне.
Сколько соловьем ни щёлкай,
Все равно гореть в огне
Заходящего светила,
Умирающего дня.
Я б сама от вас свинтила.
Только нет давно меня.

* * *
Это просто немая вода невесомости.
У нее ни стыда никакого, ни совести.
Отхлебнёшь, и помашешь рукой, и поехали.
Только космос такой – телевизор с помехами.
Стоп-сигналы комет аварийно погашены.
На параде планет мы флажками помашем ли?
Это просто немая вода, это вакуум.
И плывешь в никуда, объясняешься знаками.

* * *
Он тает, истончается,
Уходит в мир теней.
Ах, доска кончается,
И ночи всё темней.
Далась мне эта чёрная
Дурацкая доска,
Считалочка никчёмная,
Загробная тоска.

Летит бычок загашенный
От Агнии Барто.
Пылят полями нашими
Конь блед и конь в пальто.

.

Александр КАРПЕНКО. Яблоко-жизнь Людмилы Шарга.
(*Людмила Шарга, Мне выпал сад. Стихотворения, страницы из дневника. – Киев, Издательский дом Дмитрия Бураго, 2019*)

Для диалога с современниками многие поэты избирают сейчас смешанную стилистику – стихи сопровождаются исповедальной или документальной прозой, которая по тональности мало чем отличается от стихов. И стихи, и прозаическая лирика Людмилы Шарга глубоко исповедальны. У неё огромное сердце; она готова пропустить через себя всю боль мира. Человек начитанный и эрудированный, она любит людей и сочувствует их проблемам. Лирика Людмилы проста, естественна и возвышенна, в хорошем смысле слова; она словно бы и не требует комментариев.

Научи меня быть вечерней рекой,
течь и верить: каждому – да по вере
отмеряет и щедрой даёт рукой
тот, кто сам и вода, и река, и берег.
Научи меня быть огнём и землей,
лёгким облаком – тайного вздоха легче,
укажи мне затерянный путь домой,
на восток, где зарей окоём расцвечен.
Научи меня мудрости просто жить.
Я, усвоив основы твоей науки,
перестану загадывать и спешить,
и приму все утраты и все разлуки,
и однажды поверю, что смерти нет,
воспарив и свободно и облегчённо,
и увижу, как горний исходит свет
от приговорённых и обречённых.
Научи меня жить… как в последний день,
чтоб уснуть на краю и проснуться с краю,
чтоб от яблони – яблоком в свет и в тень,
где вечернее солнце в траве играет,
и припомнится: зарев, земля, огонь
и журавль над серым срубом колодца,
и – под утро – в распахнутую ладонь
вожделенное яблоко-жизнь сорвётся…

Людмила Шарга – душа чистая, сумевшая сохранить свою родниковость и пронести её через годы испытаний. Мне кажется, у неё правильный баланс между внешним и внутренним миром. Сейчас в мире много разного сора, но Людмила сумела очертить пространство своей души таким образом, что чужеродные вещи туда не попали. Книга её лирики называется «Мне выпал сад», и, почему она так называется, рассказала нам сама Людмила в предисловии, которое называется «К читателю». У всех нас есть краеугольные вещи, которые, в той или иной степени, определяют судьбу. Подробности Людмилы Шарга восходят к саду. И всё это идёт ещё из детства. «Пространство, именуемое садом, делилось узенькой тропинкой на сад вишнёвый и на сад яблоневый», – так рассказывает об этом Людмила. – Сад нельзя вырастить только лишь по желанию или мановению волшебной палочки, его надо выстрадать. Он должен стать судьбой, выпасть». И потом человеку уже не важно, что сад выпал не ему одному и что то же самое могут сказать и другие. «Проблему» с параллельным, но абсолютно другим садом у проставленной Беллы Ахмадулиной Людмила решает легко и непринуждённо: она просто берёт эпиграф из сочинения знаменитой шестидесятницы. Действительно, не может ведь присутствие схожей символики у другого автора помешать нам писать о сокровенном!

«Мне выпал сад» – это, в сущности, и дневник, и энциклопедия духовной жизни автора книги. И сад у неё – вечнозелёный. Вечноцветущий. И книга, которую я держу в руках – это тоже сад. Стихи и воспоминания – это листья летнего сада.

Мне кажется, на структуру того, что мы пишем, в последние годы стали сильно влиять социальные сети. Многие авторы стремятся вести свои личные блоги таким образом, чтобы написанное обладало определённой степенью законченности. Порой небольшой прозаический фрагмент достигает такой степени эмоционального воздействия, что моментально увеличивает количество подписчиков у данного автора. В один счастливый момент Людмила Шарга, видимо, прочувствовала, что её маленькие исповеди в прозе не уступают по степени воздействия стихам, образуя вместе со стихами некое смысловое единство. И это происходит не только с Людмилой. Вот, например, у Лады Миллер я наблюдаю творческий симбиоз её стихов и прозаических «мурашек». Но книгу такого плана – честь ей и хвала – первой догадалась скомпоновать именно Людмила. Хотя, конечно, и это уже было в истории мировой литературы. Подобная спаянность, неразрывность лирического контекста создаёт особую стихопрозу.

БЕЛЫЙ ШУМ

Так приближается
белый шум:
девственно белый лист;
я ещё думаю, что пишу –
он уже снова чист.
Утренний кофе давно остыл,
тает апрельский лёд,

длань подступающей пустоты
больно – наотмашь – бьёт.
Ангел умаялся.
Век со мной хлопотно коротать.
Тихо.
Лишь маятник за стеной
мечется аки тать.
И проступает иная суть –
крыльями, и болит.
Кто пошутил, что небесный суд
вынес земной вердикт,
и отпустил меня без меча
и прошептал: иди,
и на прощанье пообещал
сумерки и дожди,
сада весеннего тихий свет,
яблони под окном...
Господи, ты меня помнишь... нет?
Вспомни.
Давным-давно
ты окунул меня в снегопад,
и не сказал: нельзя.
Может, тропинка в цветущий сад –
и не моя стезя?
Было ли, не было:
первый взлёт,
первый невинный хмель,
первый, обманчиво тонкий лёд,
Радоница... апрель,
гомон в скворечницах.
Всё пишу...
Ангел уснул давно.
Маятник мечется,
белый шум
шепчется за окном,
словно обычный апрельский дождь
смешивает следы.
Просто... на белый шум похож
шум дождевой воды.

«Мне выпал сад» – книга атмосферная. Ведь и сами стихи – это возделанный автором сад. И, в отличие от чеховского вишнёвого сада, сюда не придёт никакой Лопахин и не сделает саду Людмилы ничего плохого. Поэт часто использует рефрены. Так, например, через всё стихотворение идёт настойчивый повтор: «Кто вспомнит обо мне?». Это не просто литературный приём. Так бывает, когда одна стержневая мысль всё время не даёт покоя, возвращаясь и возвращаясь к автору. Вечное возвращение мысли. Я думаю, это важно – какое небо мы оставим птицам. И вопрос этот шире, чем возможность прямого наследования интеллектуального и духовного богатства детьми и внуками. Пишу эти строки, а сам думаю: а мысль-то чеховская! Задавая себе эти «последние» вопросы, Людмила продолжает возделывать свой яблоневый сад. Или вот ещё один рефрен: «Что тебе сумерки…».

Что тебе сумерки…
Стол, тетрадь –
справа размытым пятном чернила,
стопка заезженного винила –
не довелось на чердак убрать.
Что тебе сумерки –
полутона,
тени заброшенного сада,
из отворённого настежь окна
тянет черёмуховой прохладой.
Нет мне покоя и сна – как нет,
только прикрою глаза и слышу,
падает влажный душистый цвет
и засыпает крыльцо и крышу.
Что тебе сумерки…
Белый дурман.
Скрипнет – как будто вздохнёт – калитка.
златом да серебром пояс ткан,
да не моею рукою выткан.
В дальнем урочище –
на реке
лодка застыла в туманной дрёме,
два лепестка на твоей руке –
рваный прилипчивый след черёмух.
Утлая лодочка не плывёт,
но уплывает вглубь отраженье.
Жизнь замедляет круговорот,
кровь ускоряет своё движенье.
Что тебе сумерки…
Близость троп –
давних, далёких, укрытых цветом.
Вечный черёмуховый озноб
и холода накануне лета.
Лампы настольной неровный свет

там, где чернила пятном застыли, –
им не сложиться стихами – нет...
Что тебе сумерки.
Что ты им...

Людмила Шарга рассказывает нам о многих вещах, которые у неё оказываются «внутри сада» – это и Одесса («Сновидения города О.»), и море, и множество других объектов и подробностей. Стихотворения, которые присутствуют в книге, очень хорошего качества. Любое из них уместно процитировать. Есть ощущение, что Людмила Шарга – поэт недооценённый. Тем не менее, у неё есть почитатели, которые готовы поставить её выше классиков. Язык у Людмилы – богатый, щедрый. Попадаются даже редкие слова, которых я прежде не встречал. Почему её плод – именно яблоко? Во-первых, яблоки широко распространены в наших широтах. Во-вторых, яблоко – плод познания. И здесь – не только библейский контекст. Мы помним, что именно яблоко помогло Ньютону открыть закон всемирного тяготения.

Пол-августа – на двоих,
забытая жизнь в подарок,
страницы любимых книг,
щемящая грусть гитары.
Далёкого лета блик
на утренний дождь нанизан,
и августа черновик дописан,
почти дописан,
и падевый выпит мёд,
и столько звёзд в поднебесье...
Здесь лето ещё поёт
свою негромкую песню,
здесь пишется так легко
и так же легко молчится
об осени, что возком
небесный везёт возница.
Пылает закат в окне
заброшенного сарая,
и рукописи в огне
рождаются и сгорают,
от боли – как мы – крича.
И пепел летит над миром...
Здесь яблони по ночам
в садах источают миро –
лекарство от всех забот,
от горестей и лишений.

Здесь каждый из нас пройдёт
свой путь до преображения.
И каждому будет сад, –
зови, если хочешь – раем.
Здесь рукописи горят,
но к счастью – не все сгорают.

Стихотворения Людмилы по форме напоминают развёрнутый свиток. Рассказ льётся неспешно и долго, заканчиваясь порой неожиданно. Эти стихи невозможно цитировать по частям, не целиком. И всё пронизывает необыкновенная чуткость души поэта ко всему, что её окружает. Пожелаю Людмиле простого человеческого счастья. Чтобы близкие были здоровы. Она так много для этого сделала. Она заслужила. И тогда мы все вместе выйдем в яблоневый сад. Её сад.

Олеся НИКОЛАЕВА. Семинар. Часть I

ВСТУПЛЕНИЕ

Пошел тридцать первый год моей преподавательской деятельности в Литературном институте им Горького. А если учесть, что я в нем училась и сама целых шесть лет (два года на очном отделении и четыре – на заочном, в связи с рождением двоих детей), то мое пребывание в этих стенах приближается к сакраментальным сорока годам: ровно столько Моисей водил свой народ по пустыне.

И этот образ для меня в данном случае многозначен. На самом деле надо приложить много трудов, пролить много слез, истоптать много башмаков, алкать, жаждать, бодрствовать в надежде увидеть, наконец, хотя бы издалека Обетованную Землю подлинной поэзии, предчувствуя и прозревая ее в своем сердце.

И правда – для того, чтобы из мальчика/девочки с литературными способностями получился/ состоялся поэт, необходимы три условия, три вещи:

прежде всего - само дарование;

во-вторых, творческая воля;

в-третьих, судьба: то есть, союз Психеи (души) и Музы (творческого вдохновения), обеспечивающий понимание внешнего как внутреннего и видение внутреннего как внешнего.

В этом случае – всё, происходящее с человеком (поэтом), становится поводом для творческого претворения: словесным, логосным. Поэт сам участвует в создании мира (космоса), в котором живет.

Они непрестанно взаимодействуют: талант, творческая воля и судьба: от ослабления воли талант чахнет, от оскудения таланта хромает судьба, ложный выбор судьбы запинает волю. Но воля к слову, к созданию текста, как добрый садовник, может приумножить талант, талант – обогатить судьбу, встроив ее в собственный мир, а судьба – подарить творческой воле множество новых возможностей, в том числе, - и возможность начинать новые причинно-следственные ряды, говорить на своем языке с новыми интонациями и писать собственными словами.

Есть еще одно важное условие: научиться читать и понимать прочитанное, видеть не только текст, но и подтекст, познать высоту поэзии, узнать ее абсолютную величину. И неустанно стремиться к этим вершинам. «Повысить планку» для своих суждений о ней и самооценок. Не размениваться на снисходительно-травестированное «и так сойдет». Постоянно напоминать себе об этом, иначе все критерии постепенно сделаются не только невнятными, но и не мотивированными, ценностная иерархия опрокинется и появится риск оказаться среди обломков былого великолепия, где остается только растерянно бродить – без цели, без смысла и понимания.

В связи с этим – особое значение литературной традиции, памяти, школы, несущих в себе архетипическое и воспроизводящих их в новых художественных образах.

Актуальность епистемы. Епистема – знание, система подсознательных установок, заложенных в национальное бессознательное, создающая механизм для получения знаний и их выстраивания (обработки, интерпретации).

В главе, посвященной художественному переводу, мы поговорим о некоторых особенностях национальной ментальности на примере интерпретации одних и тех же сюжетов (Эзопа, Лафонтена и Крылова).

Одна из важнейших задач мастера семинара поэзии – так или иначе активизировать в своих студентах эту глубину, научиться приводить в действие ее механизмы. Это чрезвычайно важно как для понимания не только самого текста стихотворения, но и его связей с тканью национальной (а, возможно, и мировой) литературы (культуры).

Итак, человек – поэт, как и Бог – Творец – именуется ПОЭТОС (от греческого слова поэо – творить). Бог – «Поэт неба и земли» из «Символа веры».

Вот как говорится о Создателе: «Ты, от четырех ветров тварь сочинивый» (Чин Крещения).

Интересно в связи с этим здесь и слово «сочинитель»: Бог сочинил мир. То есть, дал каждой вещи и каждому веществу и свойству место в бытии по их «чину» и сопряг это воедино. Каждому сверчку – свой шесток. Вот и поэт – со-чинитель, располагающий «лучшие слова в лучшем порядке», где всему есть свое место в создании художественного изделия.

Столь высок метафизический статус поэта в русской литературе: Поэт-Пророк. У Пушкина – он тот, к которому прикасается «шестикрылый Серафим». За поэтом стоит архетип пророка Исайи и Царя Давида-Псалмопевца, и эта тема и ощущение так или иначе варьируются в размышлениях о нем, вплоть до секулярного «Поэт в России больше, чем поэт», отзываются в блоковских строках, где ему противопоставляется «обыватель»:

Так жили поэты. Читатель и друг,
Ты думаешь, может быть, хуже
Творих ежедневных бессильных потуг,
Твоей обывательской лужи.
Ты будешь доволен собой и женой,
Своей конституцией куцей,

А вот у поэта – всемирный запой,
И мало ему конституций!
И пусть я умру под забором, как пёс,
Пусть жизнь меня в землю втоптала,
Я знаю: то Бог меня снегом занес,
То вьюга меня целовала.

То, что для обыденного сознания – просто плохая погода, холод, снег, вьюга, то для поэта – встреча с волей Всевышнего, слияние Психеи и Музы, о котором написано выше. Даже стихии природы вступают с ним в личные отношения.

Человек – создание своего Творца, Поэтоса, он – приведен из небытия в бытие, украшенное Творцом: космос – от греческого «космео» - украшать, обустраивать». Он призван создавать творчеством свой собственный космос: нечто благоукрашенное, благоустроенное, гармоничное, совершенное.

«Не то, что мните вы, - природа:
Не слепок, не бездушный вид.
В ней есть душа, в ней есть свобода,
В ней есть любовь, в ней есть язык». (Ф. Тютчев)

Само произведение литературы – это преображенная реальность, в которой все подчинено художественной идее, нацелено к идеалу :«Цель поэзии не нравоучение, а идеал» (Пушкин)

Идея художественного совершенства органически вытекает из Евангельского призыва Христа: «Будьте совершенны, как Ваш Небесный». С ней связана идея полноты, цельности, гармонии, превращения хаоса случайных и разрозненных фрагментов и элементов в художественное творение - в космос, нечто гармоничное, совершенное и цельное.

Эта тоска по утраченной цельности и полноте бытия выражена и в русских словах: поЦЕЛуй и сЧАСТье.

Расколотый мир – предмет страдания, как и разбитое сердце, как и раздробленное сознание: схизофренос – попросту шизофрения. Но поэзия облекает это в такую форму, все черты, все элементы которой врачуют этот недуг и претворяют его в гармонию.

Я на дне. Я печальный обломок.
Надо мной зеленеет вода.
Из тяжелый стеклянных потемок
Нет пути никому, никуда.

Помню небо, зигзаги полета
Белый мрамор, под ним водоем,
Помню дым от струи водомета,
Весь изрезанный синим огнём.

Если верить всем шепотам бреда,
Что томят мой постылый покой,
Там тоскует по мне Андромеда
С искалеченной белой рукой».
(Иннокентий Анненский)

И ещё.

Поэзия владеет мнемоникой, или мнемотехникой – искусством сохранения и трансляции памяти, не только личной, авторской, но и национальной, формирующей традицию. Она владеет тайной слова, помогающей кодифицировать, образовывать ассоциации и связи между явлениями и представлениями и передавать потомству общественно значимую информацию, то есть она сам участвует в формированием епистемы. Поэтому стихи, выученные в детстве наизусть, будь то Пушкин, Лермонтов, Тютчев, Некрасов, Фет, Майков или Блок – являются важнейшими элементами жизнетворчества и формирования личности.

На семинарах мы будем учиться читать, понимать и анализировать стихи, то есть, как наслаждаться ими, так и «поверять алгеброй гармонию».

С НЕБЕС НА ЗЕМЛЮ: ПОЭТ КАК ЛИТЕРАТУРНЫЙ РАБОТНИК

Специфика

Преподаватель Литературного института им. Горького, кафедры литмастерства, руководитель творческого семинара, на котором обучаются порой совсем юные люди, избравшие для себя литературное поприще, оказывается в двусмысленном положении. С одной стороны, он как никто другой понимает, что невозможно научить человека быть писателем, ибо писательство – это призвание, судьба, в которой далеко не все зависит от таланта (все, наверное, могут привести пример безусловно литературно одаренных людей, однако, так и не состоявшихся как писатели). Писательство – это и особая выучка души, сугубое направление ее деятельности, творческое устроение, определенное вложение ее энергий.

С другой стороны, выпускники нашего института получают скромную квалификацию «литературного работника», а вовсе не поэта, прозаика или драматурга. И это освобождает руководителя, «мастера» от претенциозных обязательств и вводит его деятельность во вполне разумные рамки определенного учебного процесса.

Психологические нюансы

Поэзия есть детище Психеи, души. Душа словесна, но и слово душевно окрашено, психически нагружено. Поэтому анализ поэтического текста (в данном случае – студенческого) так или иначе затрагивает некоторые заповедные области человеческого бытия. Руководитель творческого семинара невольно оказывается для студента, порой совершенно неожиданно, не только эстетическим, но и жизненным, а порой и духовным наставником.

Автору этих строк за годы свой преподавательской деятельности приходилось не раз выслушивать от студентов нечто вроде исповедей с откровенностями и откровениями, деликатного свойства, имевших – да и то с большой натяжкой – весьма косвенное отношение к секретам писательского мастерства. Случалось даже, как это произошло у булгаковского Никанора Ивановича Босого, председателя жилищного товарищества дома № 302-бис, бывать конфидентом и свидетелем признания в тайной беременности.

Поэтому по той же логике, что и «поэт в России больше, чем поэт», духовный статус преподавателя кафедры литмастерства (будем в дальнейшем называть его мастером) не сопоставим с его эмпирической задачей обучения будущих литработников.

Ответственность мастера

Тот «человеческий материал», с которым мастер имеет дело на своих занятиях, чрезвычайно тонок, деликатен, прихотлив в обращении, многоузорчат и, прямо говоря, порой невротичен. Необходимо иметь в виду, что обращение с ним должно быть виртуозно осторожным и бережным: бывало, что студенты переживали серьезные душевные травмы после какого-нибудь слишком эмоционального обсуждения их стихов. Так, одна студентка разрыдалась во время семинара, оттого что ее сокурсник нашел для ее лирической героини какое-то слишком обидное сравнение, а вскоре и вовсе ушла из института, объясняя это тем, что у нее здесь возник комплекс неполноценности. В связи с этим мастер осознает необходимость соблюдения некого баланса: да, одни пишут лучше, другие гораздо хуже, одни – более одаренные, другие – менее, однако у нас здесь пока еще нет гениев, и всем предстоит долгий труд обретения себя – своего лица, своего голоса, своего почерка, а на этом пути очень часто «последние становятся первыми, а первые последними». И поэтому «да не гордится никакая тварь»… Да не унижает сильный слабого, да не таит обиды худший на лучшего и вообще, как сказала одна нищенка в электричке, кто над кем посмеется, тот на того и поработает.

Творческая личность

Ну хорошо, если невозможно выучить человека на поэта, то что же можно? Научить его рифмовать? Запросто! Натаскать его, чтобы он отличал ямб от хорея? Пожалуйста! Научить его аккуратно писать пятью регулярными стихотворными размерами? Да ничего нет проще! Но тогда бы семинар назывался бы просто: школа версификации. Занятие никчемное и ничтожное.

Так что же делает мастер на семинарах, какие задачи ставит, какие преследует цели?

Я бы определила это так: пробует воспитать творческую личность. Постоянно провоцирует обыденное сознание студента, заставляет его разомкнуть слух, распахнуть глаза, войти в реальность культуры, ощутить контекст, воспринять жизнь всеми рецепторами, попробовать слово на вкус, на вес, на цвет, вдуматься в его смысл, раскусить орех, добыть ядро, вписать свое существование в Книгу Бытия, тело – в интерьер, бытие – в пейзаж… Открыть новый смысловой ряд, начать новую причинно-следственную цепь, обрести самовластие, аутоэкзусию, «самостоянье человека, залог величия его», в котором и заключается человеческая свобода и без которого подлинное творчество невозможно. Задача, конечно, непосильная для преподавателя, зато цель высокая и достойная. Пастернак писал в одном из писем, что поэту необходимо ставить планку как можно выше: поверх барьеров.

Апофатический путь

Эти высокие задачи – обучение человека свободе – невыполнимы, если сам ученик не желает этой свободы: не нуждается в ней, не жаждет, не чает, не готов за нее бороться с косностью собственного естества и сознания, если ему удобнее жить по стандартам мира, петь с чужого голоса, оставаясь на подпевках и подтанцовках; если ему комфортнее занять спокойную и надежную нишу эпигона, спрятавшись за спину оригинала.

Но если он тоскует по уникальности собственного бытия, если он хочет проникнуть в тайну жизни, ощутить глубину и высоту своего «я», уходящего корнями в историю человечества и возвышающегося до самых небес, запечатлеть этот экзистенциальный и духовный опыт в некоем культурном делании, то учитель, он же в данном случае и мастер, может ему намекнуть, в какой стороне находится путь, ведущий к этой свободе.

Можно задать здесь вопрос: но почему же намекнуть, а не сказать об этом прямо? Потому что здесь и нет никакого прямого пути: на каждом изгибе дороге человек должен сам совершать телеологический выбор. И научение здесь состоит не в повторении позитивного утверждения, а в отклонении от ложного; не в следовании указанному, а в преодолении достигнутого: не копирование образца, а творческое взаимодействие с ним; не усвоение заданного, а личное открытие непредсказуемого... Методики по искусству и манифесты появляются как раз для того, чтобы их преодолевать.

Поэтому мастер так часто повторяет слово «нет»: туда не ходи, там Бродский, он задушит тебя. И туда – ни ногой: там клуб самодеятельной песни, он опошлит тебя. И туда не суйся – там Дмитрий Александрович Пригов, он надует тебя и сделает тебе нос!

Не всеядность, но избирательность. Не снобизм, но творческое приятие... Это непрерывный процесс отказа от автоматизма мышления, речи, поведения, это борьба с ригидностью собственных реакций, с выхолощенными словами, пустыми фразами, не имеющими энергии и смысла жестами... Это, по большому счету, битва с пошлостью, сражение с мировым хамством. Баталии с чернью, в том – пушкинском ее понимании.

Мастер, грубо говоря, не научает подлинному, а отучает от сфальсифицированного, не преподает ученику его «свое», а помогает отринуть «чужое, сорное, мертворожденное». Это борьба с сопротивляющимся материалом, но и за сопротивляющийся материал. Это борьба за жизнь, за смысл, за дух, за Слово, за Моцарта, за саму поэзию.

Борьба с автоматизмом. Отбор

Культурное делание состоит, в том числе, и в борьбе с омертвевшими и уже опошленными формами, с обессмысленными словами и поступками, со штампами и клише. Культурное делание не есть вседозволенность – здесь действует (как телеологическая задача, как художественное чутье, как вкус, как чувство языка и стиля) убеждение, весьма сходное с тем, которое было высказано апостолом Павлом: «Все мне позволительно, но не все полезно; все мне позволительно, но ничто не должно обладать мною» (1 Кор. 6. 12). Только человек посторонний (или новичок) может полагать, что у художника, обладающего внутренней свободой, не должно быть никаких табу. Напротив, чем одареннее художник, тем больше у него внутренних запретов, тем уже путь, по которому направлена его творческая энергия.

Эта система внутренних эстетических запретов запускает механизм творческого отбора, отсекающего лишнее, претенциозное, неживое.

«Даже в случае совершенно бессмертных текстов, как, напр.,

пушкинские, всего важнее Отбор, окончательно утвердивший эту данную строчку или страницу из сотен иных, возможных. Этот отбор производит не вкус, не гений автора, а тайная побочная, никогда вначале не известная, всегда с опозданием распознаваемая сила, видимостью безусловности сковывающая произвол автора, без чего он запутался бы в безмерной свободе своих возможностей… Но во всех случаях именно этой стороной своего существования, обусловившей тексты, но не в них заключенной, разделяет автор жизнь поколения, участвует в семейной хронике века, а это самое важное его место в истории, этим именно велик он и его творчество… Вера в то, что в мире существуют стихи, что к писанию их приводят способности и проч. И проч. – знахарство и алхимия». (Пастернак Б. Собр. Соч. М., 1992. Т.5.С.543)

На пути поэта встает множество психологических помех и ловушек, которые надо обойти.

К числу таковых можно отнести у начинающего литератора бессознательно нажитую привычку безо всякой рефлексии пользоваться тем, что уже достигнуто в поэзии другими поэтами или (специфика современности) эстрадной песней, использование шаблонов. У зрелых поэтов это может быть сам профессиональный навык – рационализм, знание о том, «как делать стихи». Рационализм же убивает живой творческий дух, который подчас ищет иррациональных и неожиданных путей своего воплощения.

Поэтому важнейшей задачей является борьба с автоматизмом письма. Долой тополиный пух, похожий на снег! Долой плачущее дождем небо! Долой мертвые листья осени! И даже свежую зелень весны с хрустальным дворцом зимы – тоже долой! О звездности, млечности и бесконечности я уж и не говорю…

Долой скрипучий снег, равно как и пушистый, а также холодный, а также белый и еще искрящийся, а в сущности – никакой! Долой тоску и грусть, и печаль, и одиночество – без повода, смысла, мотива, лица, героя, сюжета, художественной цели…Это не наш снег, не наш дождь, не наш тополиный пух, не наши листья, не наша зелень, не наша весна с зимой, не наша грусть-печаль-тоска-одиночество! Долой все это пустое и унылое словоблудие, тем паче, что оно блокирует какое-то живое подлинное поэтическое чувство: будем биться с чужими общими словами, местами, сорняками, заглушающими молодые слабые произрастания. Оговоримся: если, конечно, в саму задачу автора не входило обыгрывание этих образов, ставших симулякрами.

Как это у Достоевского: следователь Порфирий Петрович говорил про черточку, штришок – мне бы черточку, один лишь штришок, и я по нему всего человека вытащу, – как-то так. Вот и нам бы – черточку, но только подлинную, всего лишь живой штришок, и мы восстановим по нему целую картину…

«Черточка»

С него как раз, с этого штриха, с художественной детали, с индивидуальной подробности, с личного словца, собственного жеста, интонации и начинается бегство из темницы общих слов, тяжелых, многозначительных, поэтически не мотивированных речений, закрывающих лицо автора.

«Так что же все-таки произошло? – спрашивает мастер у студента. – Что такое стряслось, почему вы написали это стихотворение? Кто вы – мужчина или женщина, юноша или девушка, старик или старуха? Чего вы хотите, к чему стремитесь, что любите, что ненавидите и на что негодуете? Из-за чего сыр-бор? В чем драма, конфликт, наконец, импульс? С чего это вы, нормальный уравновешенный человек, стали вдруг говорить в рифму и раскачиваться в ритм?".

Или, как любил в таких случаях вопрошать мой учитель Евгений Винокуров: «В чем здесь состав преступления?»

Вот и я говорю моим студентам о лирическом сюжете, герое, мотиве и добавляю: «Мне бы деталь, по которой я пойму, что же произошло, и увижу целое!»

Рифма

Зарифмовать можно все, что угодно: инструкцию по эксплуатации будильника, рецепт приготовления печени косули в арманьяке, объявление в ЖЭКе о санкциях против злостных неплательщиков, рекламу помады «Макс Фактор». Это я утверждаю после того, как перевела с подстрочника 20 тысяч строк рифмованных стихов. Я утверждаю также, что и научить рифмовать можно всякого умственно полноценного человека: это легче, чем складывать числа с переходом через десяток.

Но к поэтической рифме это никакого отношения не имеет: рифма – это не звуковой трюк, не бубенчик на барской карете, не словесное жеманство. Рифма – это Ариаднина нить поэта, спасительный факел на бурной ночной дороге, путеводный знак, седьмое чудо света, Александрийский маяк… Это камни, по которым можно перейти море. Это ветки, через которые можно перебраться через пропасть. Рифма – это экзистенциальный огонь стихотворения, без которого заплутаешь и пропадешь среди оборотней. Рифма сама выстраивает стихотворения и ведет поэта туда, куда ей заблагорассудится, и тогда получается великолепно. «Поэта далеко заводит речь».

Но если молодой литератор не чувствует всей ее вдохновенной сладости, ее дерзновенной радости, ее восхитительной неуправляемости, а тужится, подрифмовывая, насильно затаскивает ее в строку и подгоняет ее под готовое прозаическое содержание, так что она сама, бедная и плоская, корчится от отвращения; если она, свободная, стесняет своего сочинителя, если она, своенравная, подавляет его, я спрашиваю: «Тогда зачем вы силитесь рифмовать? Пишите без рифмы. Но тогда ищите художественные средства, которые смогли бы удержать стихотворение, не дать материи разбежаться, придать ей форму».

На самом деле, это сложная задача: здесь надо отыскать такие художественные средства, которые компенсировали бы отсутствие рифмы, скрепляющей строфу и удерживающей ее своей центробежной силой.

Поэтому мы несколько семинаров посвящаем разговору о верлибре.

Ритм и метр

Как правило, студенты, только-только поступившие в институт, имеют весьма расплывчатое представление о стихотворных размерах. Кроме того, теория стихосложения появляется у них чуть ли не на четвертом курсе. Поэтому так или иначе, по ходу обсуждения, мастер касается этой темы, особенно в связи с ритмической бедностью или неряшливостью студенческого поэтического текста. В наиболее интересных случаях – это разговор о том противоречии, в которое, при всей пластической гибкости стихотворного размера, могут вступить ритм и метр или форма и содержание.

Здесь всегда плодотворно обратиться к опыту русской поэзии и посвятить целое занятие как анализу интонаций и мелодий, которые несут в себе стихотворные размеры, так и выбору тех художественных средств, которые могут изменить всю тональность стихотворения. Поразительно, что бравурное и чеканное «Буря мглою небо кроет» (Пушкин) и истерически-надрывное «Как живется вам с другою?» (Цветаева) написано одним и тем же четырехстопным хореем, а расхлябанно-юродивое «В каком году – рассчитывай…» (Некрасов) и виртуозно-жуткое «О дали лунно-талые…» (Анненский) – одним и тем же трехстопным ямбом с дактилической рифмой… Как, кстати, и чеканное стихотворение Лермонтова:

Я знаю, кем утешенный
По звонкой мостовой
Вчера скакал, как бешеный
Татарин молодой.

Недаром он красуется
Перед твоим окном,
И твой отец любуется
Персидским жеребцом.

Художественный перевод

Одним из лучших способов овладения стихотворной формой является работа над художественным переводом. Творческое задание имеет свои конкретные очертания: все определено – художественная идея, сюжет, образная система, колорит, лирический герой, стихотворный размер, система рифмовки. Энергия переводчика получает свое русло и направление. Чем больше требований к переводу, чем определеннее задание, тем это русло уже и – глубже. Так же и с написанием стихотворения, которому диктует свои условия художественная идея. А если ее нет, творческая энергия растекается по поверхности и рискует превратить окрестность в болото.

Практика показывает, что студенты с удовольствием втягиваются в переводческую деятельность, она приносит добрые плоды. У меня еще с давних советских времен сохранилась целая книга подстрочников замечательного грузинского поэта Галактиона Табидзе. Вот на нем-то студенты и оттачивают свое перо, а потом читают на семинаре свои переводы стихотворений, известные всем по подстрочникам. Это бывает очень продуктивно – замечания почти всегда дельные и точные. Потом, как правило, те, кто знает иностранный язык, начинают переводить с оригинала: у нас звучали стихи Рильке, Браунинга, Киплинга, Китса, Бодлера, Верлена, Целана... Мои студенты активно участвовали в переводах сербских и болгарских поэтов, которых собирается выпускать солидное издательство, вроде «Художественной литературы».

Манифест, мистификация, пародия

Студенты всегда живо откликаются на выполнение какого-нибудь предельно определенного литературного задания. Я попросила каждого сочинить свой жизненный и литературный манифест, причем не вообще, а отвечая на длинную череду вопросов. Когда это было исполнено – подчас очень живо, талантливо, я предложила написать эссе о манифесте товарища. В этом эссе надо было дать психологический портрет рецензируемого и сделать прогноз развития тех или иных черт, основываясь исключительно на тексте. И это были очень хорошие работы.

Другим, не менее интересным для студентов заданием, было создание мистификации – они должны выбрать себе героя любой эпохи и любой страны, придумать ему биографию (судьбу) и написать некое произведение от его имени, а после этого еще и прокомментировать и отрецензировать данный текст – уже от собственного лица.

И, наконец, хорошим литературным упражнением было сочинение пародии: студенты пародировали самих себя, друг друга, словопрения на семинаре и даже своего мастера.

Литературная игра всегда хороша, хотя бы потому что в ней есть жизнь, движение, фантазия, воображение, непосредственность, остроумие… Она пробуждает живые реакции, срывает с языка хорошее словцо, вызывает непроизвольный, но характерный жест… Она лишает человека позы и, как ни парадоксально, срывает с него маску.

Контекст

Мы живем в драматические времена, которые отмечены не только гибелью империи, не только крушением культуры, но сменой цивилизационного кода, переломом исторического позвоночника, изменением ментальности народа (народов). Если российская ментальностью испокон веков оставалась логоцентричной, то теперь на смену слова приходят видеоклип, пульсирующая светомузыка и т.д. Вербальное мировосприятие вытесняется, и на первый план выходят зрительные и аудиовизуальные суггестивные формы.

Главным источником познания мира для среднестатистического студента оказываются интернет, социальные сети, а порой и телевизор: именно оттуда он черпает свои представления не только о мире, но и о поэзии. Опрос студентов-первокурсников засвидетельствовал, что они имеют, в лучшем случае, весьма смутное представление о русской классике, почти совсем не знают русскую поэзию, пребывают в абсолютном неведении относительно поэзии советского периода, а о современной поэзии судят по интернетовским поэтическим сайтам, битком набитым активными графоманами.

Перед мастером встает такая элементарная, но такая огромная задача дать студентам представление о картине русского поэтического мира. Мастер посвящает этому часть своих занятий, на которых он сам устраивает лекции о творчестве того или иного поэта, анализирует те или иные известные стихи, приглашает на свои семинары самых значительных поэтов современности, которые читают свои произведения, отвечают на вопросы студентов и формулируют перед ними свои воззрения на литературу.

Таким образом, одной из важнейших сторон деятельности мастера становится просвещение студентов. Закладывание в них эстетической основы, или, как я уже писала, оживление эпистемы: системы установок, создающих механизмы понимания, интерпретации, критериев и оценок культурного явления. Мастер пытается дать им представление о том историческом и культурном контексте, в котором им предстоит жить и работать, начертать систему координат, чтобы каждый смог определить в ней свое место. Вручить компас среди бескрайних океанических зыбей.

Но главное – не в этом. Мастер отправляет своих студентов на поиски героя, личности, которая так оскудела в современной литературе. «Не плоть, а дух растлился в наши дни».

Как любил говорить Артур Миллер: в искусстве для меня не важно что, не важно как, но важно кто». Творческая личность и есть в искусстве тот «пуп земли», возле которого завязывается все. То, к чему прикладывается сюжет, плодоносит идея, оживает слово. Нет личности – нет искусства, нет поэта – нет и поэзии. Есть только унылое рифмованное (или нерифмованное и тогда вдвойне неряшливое) словоблудие. Итак, мы начинаем с того, что предметом литературы является ЧЕЛОВЕК. Поэтому и писатель, автор должен стать человеком, чтобы понять и создать своего героя.

Мастер иногда страдает и болеет, когда ему приходится читать слишком много псевдо-поэтической белиберды. Мастер испытывает нечто вроде «производственной травмы». Его тошнит. В такие периоды ему кажется, что на свете нет более никчемного и пошлого занятия, чем писание стишков. Мастер сам переходит на жесткую прозу и полемическую эссеистику.

Мастер учит студентов ответственности «за каждое праздное слово». Мастер напоминает им о пророческом служении поэта. Мастер говорит им о вдохновении и чуде творчества. Мастер повторяет им о призвании. Мастер цитирует: «Глаголом жги сердца людей». Мастер читает им Священное Писание, которое всё– поэзия, книгу Иова произносит нараспев:

> Давал ли ты когда в жизни своей приказания утру
> и указывал ли заре место ее,
> чтобы она охватила края земли
> и стряхнула с нее нечестивых,
> чтобы земля изменилась, как глина под печатью,
> и стала, как разноцветная одежда…

Мастер, произнося это, сам приходит в трепет, в восторг… Он знает: если ему самому здесь, на занятиях, станет вдруг скучно, кто же станет интересоваться тем, что он говорит? Если он сам не будет вдохновлен и готов к преображению и чудесам, кто поверит ему, что поэзия чувствует Божье дыханье, небу заглядывает в глаза?..

Мастер любит своих студентов и немного жалеет их. Но есть такие области человеческой воли, где никто и никому не может уже помочь. Здесь студент, он же и ученик, должен справиться сам. Сделать телеологический выбор. В крайнем случае, из него выйдет неплохой литературный работник. Ну и ладно тогда. Пускай.

ПРАКТИЧЕСКАЯ РАБОТА

Как я уже писала, важной задачей остается научить студентов читать и понимать стихи. Находить механизмы их воздействия. Поэтому, помимо обсуждения студенческих работ, учимся анализировать стихи классиков.

Анализ стихотворения Бориса Пастернака «Иней»

…Торжественное затишье,
Оправленное в резьбу,
Похоже на четверостишье
О спящей царевне в гробу.

И белому мертвому царству,
Бросавшему мысленно в дрожь,
Я тихо шепчу: «Благодарствуй.
Ты больше, чем просят, даешь».

Я думала, а на какое четверостишье о спящей царевне похоже у Пастернака «торжественное затишье» в этом стихотворении? Ведь, если поэт пишет, что «затишье» похоже на четверостишье», - значит, это какое-то конкретное четверостишие, и мы можем его обнаружить.
Может быть, – и это первое, что приходит в голову, - это «затишье» похоже на пушкинское из «Сказки о мертвой царевне и о семи богатырях», где как раз и есть эта «спящая царевна в гробу»? Но на какое именно четверостишье? На это?

…Она,
Как под крылышком у сна,
Так тиха, свежа лежала,
Что лишь только не дышала.

Или на это:

Перед ним во мгле печальной
Гроб качается хрустальный,
И в хрустальном гробе том
Спит царевна мертвым сном.

Однако мелос мажорного четырехстопного хорея, соответствующий детской считалке «Эни-бени-лики-факи //Тюль-буль-буль-калики-цваки» никак не согласуется с «торжественным затишьем». Все эти обильные чередующиеся сонорные – эр, эн, эм, эм, эль, эль, эн, эр, эр, эль, эн, эр, эль, эн, эм, эр, эм, эль, эн, эр, эм, эр, эн, эм, эр, эм, эн, эм; это пронизывающее четверостишие насквозь семикратное эр, сразу зарождают подозрения в «мертвенности» этого сна и свежей бодростью своего звучания предвещают счастливое пробуждение / воскресение.

Тогда, может быть, это четверостишие из стихотворения Петра Вяземского «Царскосельский сад зимой»?

Природа в узах власти гневной
С смертельной белизной в лице,
Спит заколдованной царевной
В своем серебряном дворце.

Однако в этом энергичном четырехстопном ямбе с чередующимися и словно воспроизводящими голос вьюги свистящими з-х-ст-сс-зн-це-сп-ц-вс-с -це, прослушивается зловещая нота: во всяком случае, не покой, не умиротворение, не смирение, а мятущееся безволие, болезненная немощь, насильственное пленение.

Так, может, наконец, оно, это затишье, похоже на само это четверостишие Пастернака?

Торжественное затишье,
Оправленное в резьбу,
Похоже на четверостишие
О спящей царевне в гробу.

Интонационно замедленный трехстопный амфибрахий, дающий не спеша перевести дыхание на мужской рифме, со скрадывающимся ударением в первой, второй и третьей строках и растягивающий гласные естественным образом за счет длинноты пятисложных слов («торжественное», «оправленное», «четверостишье»), а так же глухо свистяще-шипяще-шелестящие ж-щ-з-х-ж-ч-сти-ш-сп-щ-ц, словно сами «утишают» чувства, баюкают и гармонизируют их, вводя в иные сверх-природные области, где преображается мир и становится «торжественно и чудно».

То есть, здесь происходит совпадение синтагмы и парадигмы, поэзии и поэтики: торжественное затишье на наших глазах само разворачивается и порождает четверостишие, лепит своего словесного близнеца, смысловой рисунок соединяется с интонационным, содержание становится формой, а реальность сливается со своим образцом.

Это называется чудом, на которое невозможно не произнести: «Благодарствуй! Ты больше, чем просят, даешь».

Анализ стихотворения Анны Ахматовой
«Течет река неспешно по долине»

Течёт река неспешно по долине,
Многооконный на пригорке дом.
А мы живём, как при Екатерине:
Молебны служим, урожая ждём.
Перенеся двухдневную разлуку,
К нам едет гость вдоль нивы золотой,
Целует бабушке в гостиной руку
И губы мне на лестнице крутой.

Не слышно барабанных палочек ямба: они заглушены двумя трехсложными слова в первой строке, пятисложным «многооконным» - во второй, опять-таки пятисложной «Екатерине»; а так же трехсложными и четырехсложными словами в четвертой строке. Так что он здесь утратил часть положенных ему ударений: он размыт почти до неузнаваемости.

Поэтому, действительно, (звучание подтверждает это) действие разворачивается «неспешно», течёт медленная река, длится ожидание, которое продолжается и в первых двух строках следующего четверостишия: тянутся четырехсложные, идущие подряд, «перенеся» и «двухдневную» с трехсложной «разлука»… Все здесь стелется, прикасается к земле, само время замедлилось («живем, как при Екатерине»). Все спокойно и томительно: про «гостя» сказано, что эту двухдневную разлуку он «перенес», как переносят болезнь, боль, страдание, перетерпел. Наконец, дождался!

И тут ритм вдруг убыстряется, ямб вступает в свою силу: «к нам едет гость вдоль нивы золотой». Он уже в пути, он приближается! Церемонно и торжественно задерживается и приостанавливается, замедляя ритм и скрадывая положенные ямбические ударения сразу в трех словах строки: «целует бабушке в гостиной руку», чтобы тут же взмыть вверх (ритмически тополиво: «и губы мне») по «лестнице крутой». Неожиданный стремительный интонационный подъём.

Удивительный музыкальный рисунок подтвержден и рисунком графическим: сплошной горизонталью в первых семи строках. В единой плоскости «течёт река» «по «долине», чуть возвышается «на пригорке» дом, растянутый множеством окон, служатся «молебны» и ждут «урожая». Далее – многозначительное: «перенеся разлуку», гость едет «вдоль нивы золотой», вновь по земле, долине, равнине, по плоскости. Он входит в гостиную, на первом этаже здоровается с бабушкой, почтительно поднося ее руку к губам, чтобы в последней строке стремительно взмыть по крутой лестнице, обозначая вертикаль, пуэнто, вершину.

Крутая лестница с запретным и тайным поцелуем становится здесь не только эмоциональным пиком стихотворения и его сюжета, но и графической вертикалью. На крутой лестнице трудно удержаться. С нее так или иначе придется спуститься, а можно и вовсе упасть, сорваться вниз… На этой ноте стихотворение замирает, открывая читателю свою перспективу и давая ему насладиться и этим апофеозом, и чувством этого риска. Эта верхняя нота вот-вот оборвется, и можно лишь застыть в блаженном мгновении, которое прекрасно и своей уникальностью, и своей хрупкостью.

После него – мы знаем, пусть это остается за пределами текста, будет стремительный спуск вниз, возможно, падение с этой высоты: если не охлаждение страсти, то война, революция, беда.

Но, тем не менее, взлёт по этой «крутой лестнице» страсти, возносящей чувство над всем привычным, обычным, томительным, прикованным или передвигающимся по земле, заставляет и читательское сердце вырваться за пределы наличного мира, замирая от внезапного восторга и головокружения.

Стихотворение встроено в тело русской прозы и роднится с рассказами и повестями Бунина, Георгия Иванова, Набокова, Газданова… По сути, это конспект большого произведения, столь многое приоткрывается в этом компактном, но насыщенном тексте.

Здесь опять – высшее, что может быть: совпадение поэзии и поэтики, содержания и формы. Содержание формально, а форма содержательна.

Надежда БЕСФАМИЛЬНАЯ. Поющий кувшин

Зайти строкой случайной, наугад…
Зима. А на шпалере виноград
Свисает с прошлогоднего побега,
Не сорван, оказался не в чести,
И ягоды – их больше не спасти –
Упрятаны под толстым слоем снега –
Живой изюм, потрава снегирям.
Соседский дом пустует с сентября,
Он выставлен, похоже, на продажу.
Поверх замка – бумажная печать.
Не следовало в город уезжать
Дожителем в бедлам многоэтажный.

А в доме пустота теперь живёт,
Она молчит, она не ест, не пьёт –
За воду и за свет платить не нужно.
Но, не видавший лично похорон,
Квитанцию засунет почтальон
Под ручку двери, выгнутую дужкой.

Спиною чёрен, тощим брюхом жёлт,
Квитанцию и ручку стережёт
Дворовый пёс, ничейная порода.
Был стариковский невелик прикорм –
Сырок, печенье, доширак, попкорн,
Но будет псина ждать до полугода,
Обнюхивать любой прохожий след,
Глядишь, старик объявится к весне,
Использует опять какой-то литер.
И срежет прошлогоднюю лозу,
И псине даст чего-нибудь на зуб,
И снова нанесёт пурги про Питер.

ЛОДКА

Только об этом и вспомнится об одном:
Шаткими сходнями в воду уткнулась пристань,
Лодка лежит, опрокинутая вверх дном,
Запах сосновый вбирает и вар смолистый.

Ящеркам и молодой лягушне приют -
Брёвна под лодкой горбаты, песок прохладен,

Осы гнездо на уключине ржавой вьют,
Старая лодка скучает по водной глади.

Щуками да язями кишит река,
А на рыбалку в который уж раз не взяли…
Высушит лето просмоленные бока,
На воду вытолкнет лодку рыбак-хозяин.

Только ей раньше бы с брёвен сползти, уплыть
К логову в зарослях водных повыше устья –
Выдру Офелию срочно предупредить:
Лодочник хвастал – на шапку-ушанку пустит.
…..
Лето уходит. Да было ли, вспомнить что,
Если и было, в дождях сентября прокиснет.
Шапка, перчатки в комоде, в шкафу - пальто…
Рябь на воде искажает слова и смыслы.

Цикл «Поющий кувшин» («Глина», «Крынка», «Хурма»)

ГЛИНА

Было б желание петь, а мотив найдётся.
Слышишь, как ветер гуляет внутри колодца?
Пробует голос в забытых сахарских касбах,
Меряясь силой с песками и глиной красной...

Пел маховик, разгоняясь, звучал призывно,
Следом за ним подпевать начинала глина,
И на себя принимала послушно звуки
Круга гончарного и, заодно, округи.

Падало солнце на глину сквозь ветви кедра,
Песню воды она пела и песню ветра,
Эхом атласским тянулась, огнём гудела,
В ловких касаниях пальцев стройнела телом

И превращалась из вязкой безвольной гущи
В невыразимо прекрасный кувшин поющий,
С флейтой берберской созвучный, с пареньем грифа
В небе, звенящем от зноя в горах Магриба.

Тёрлись о щёки кувшина песка крупицы,
Где-то поблизости жёрнов молол пшеницу,

Печи калились, одна - под кувшина обжиг,
Ну а другой не терпелось испечь лепёшек.

...Жёрнову – зёрна, но я – не пшеничный колос.
Глиняный шар на кругу выводи на конус,
Чтоб покорялась в руках твоих, чтобы пела,
Голос попробовать дай мне, гончар умелый.

   КРЫНКА

Все грезят наяву; мечтать отрадно нам:
Нас сладостный обман возносит к небесам.
                Жан де Лафонтен, из басни
                «Молочница, или Кувшин с молоком»

Я чувствовала тайный страх
Пред этой девушкой воспетой.
Играли на её плечах
Лучи скудеющего света.
                «Царскосельская статуя», А. Ахматова

Молоко да сметана, сметана да молоко,
Утром путь ей на рынок, а после полудня - с рынка...
Трётся боком о шаткий забор молодой телок,
О штакетины бьётся боками пустая крынка.

У молочницы блузка на пышной груди внатяг;
Пёстрым ситцем прикрыта, а вроде как не одета -
Целый день суетится до злой ломоты в костях
В непрерывных трудах раскрасневшаяся Пьеретта.

Так зовёт-величает молочницу про себя
Её тайный поклонник, учитель литературы,
Неуклюжий очкарик, застенчивый холостяк,
От проверки тетрадок и чтения книг сутулый.

На четвёртом десятке, прошедшая Крым и рым,
На солёную шутку остра, как дурное шило,
Угощает соседка его молоком парным,
От которого в детстве частенько саму тошнило.

Угощает из крынки, учитель послушно пьёт,
И мечтает телёнком уткнуться в плечо Пьеретты –
Уклоняясь неловко от колких её острот,

Царскосельскую девушку видит душа поэта.

И ничто не способно спустить чудака с вершин,
Он к уроку назавтра скачает в сети картинку
И расскажет своё про молочницу и кувшин,
Не забыв обозначить отличие к слову «крынка».

ХУРМА

Тоскливый день, молчание задень
Полоской света, стрелкою ползущей
По циферблатам мебели и стен,
И ляг на стол хурмой из райской кущи.

Орех, платан, ещё один орех,
Твоей руки надёжная подмога...
Ты помнишь ту, ведущую наверх
К жилью от моря горную дорогу?

И был подъём неодолимо крут
В палящий зной полуденного часа,
В наш съёмный дом, наш временный приют
С открытой к морю солнечной террасой.

Ты помнишь тот, запущенный слегка,
Плодоносящий сад уступом ниже,
Расшатанный забор из тростника,
В густой тени беседку с плоской крышей,

На ней хурмы созревшие плоды -
С упругих веток срок пришёл упасть им -
Я на террасе с книгою, а ты,
Азартный спец в материальной части,

Ты собираешь спелую хурму,
Сосной и морем поздний отпуск пахнет,
К твоей футболке белую кайму
Плетёт усердно местная арахна.

Как любопытно слушает она
Наш разговор, ловя за словом слово,
И тянет нить к кувшинчику вина,
Из погребка, домашнего, сухого.

Ты помнишь, как с арахной вместе пел?
Хурмой горел закат на наших лицах...
Но если всё запомнить не успел,
Пусть это с нами в будущем случится.

Татьяна ЯНКОВСКАЯ. Поездка в Борщевой пояс.
Отрывок из повести «М&М»

– Нет, вы только посмотрите! – раздался сзади низкий женский голос, говоривший по-английски с сильным еврейским акцентом. Чьи-то руки обхватили Иннину голову и медленно развернули ее лицом к центру вестибюля. На потертом диване перед ней сидел, смущенно улыбаясь, мальчик лет шестнадцати в ермолке, и сколько Инна ни напрягала память, она была уверена, что видит его впервые. Она убрала чужие руки с головы и повернулась к женщине. Крашеная брюнетка со следами знойной красоты стояла у конторки и громко говорила, обращаясь к служащей отеля и проходившим мимо постояльцам:

– Вы только посмотрите на нее! Кто вас стрижет? У вас должен быть очень хороший мастер!

– А где вы живете?

– Во Флориде.

– А я в Нью-Йорке. Вы собираетесь в Нью-Йорк?

– Нет.

Инна отвыкла от подобной бесцеремонности. Как будто и не в Америке! Видимо, в своем длинном шелковом костюме цвета бедра испуганной нимфы, как говорил отец Мары, и с простой элегантной стрижкой, она так сильно отличалась от обитателей отеля, что любопытство аборигена пересилило в женщине правила приличия. А может быть, здесь жили по другим правилам.

Инна оказалась в этом диковинном месте совершенно случайно. Как и каждое лето, она приехала на оперный фестиваль в летнем театре, расположенном к северу от Куперстауна. В этот раз она пригласила с собой Мару, свою косметичку и школьную подругу. Они приехали в субботу, съездили на пляж в парке Глиммерглас на другой стороне озера, сходили в музей Фенимора Купера, вечером поужинали в ресторане «Красные сани», название которого, как старомодный крендель булочной или корова над американским стейк-хаузом, дублировали старомодные деревянные сани на крыше. Утром не спеша выпили кофе на залитой солнцем террасе маленькой старой гостиницы, заедая свежей клубникой и домашними булочками – scones – испеченными с орехами и кленовым сиропом, посидели-покачались на деревянной скамье, подвешенной на цепях на веранде, потом собрали вещи и поехали слушать «Пиковую даму».

Дневное представление кончилось рано, и подруги решили заехать в «исторический Шэрон Спрингс» – еще вчера на пути сюда они заметили стрелку-указатель. Вдоль шоссе тянулись стандартные домики одноэтажной Америки (то, что некоторые из них были двухэтажными, дела не меняло), но и окрестная природа – большое озеро, холмы, совершенно российские леса, и городок, основанный отцом любимого в детстве автора романов про индейцев, и прекрасная опера в такой дыре, даже само название графства – Кожаный Чулок – все сулило новые открытия. И женщины сделали исторический поворот.

Очень скоро дорога перешла в улицу городка, который действительно казался живой историей. Точнее, неживой, потому что нигде не было никаких признаков жизни. Машина проезжала мимо больших покосившихся деревянных строений, находившихся в полном запустении. Окна некоторых были заколочены. Вверх по холму уходили крутые улицы с вековыми деревьями и когда-то роскошными домами с давно облезшей краской, с сорняками, прорастающими сквозь ступени сгнивших крылец. Как будто все жившие здесь люди вымерли, и теперь дома ждали своего часа, чтобы превратиться в прах. Пахло сероводородом.

Слева потянулся приземистый фасад заброшенного на вид каменного здания, где в лучшие времена, по-видимому, люди принимали ванны и лечились грязями, в стороне от дороги виднелись беседки, а перед поворотом высоко на холме справа возникло огромное деревянное здание старой викторианской гостиницы. В отличие от остальных домов, имевших обреченный вид, оно было свежевыкрашено в белый цвет. Вывеска гласила «Отель Адлер». «Адлер? Может, здесь и Сочи рядом?» – удивилась Мара. Дома кончились, шоссе пошло под уклон, и запах стал таким резким, что женщинам стало не по себе, как будто дорога вела в преисподнюю. Собственно, ничего удивительного в этом запахе не было: springs – источники, а минеральные воды и не должны благоухать. «Давай дальше не поедем, Иннуля» – попросила Мара.

Инна развернула машину. На этот раз, медленно проезжая по поселку, женщины заметили двух тучных стариков в черном, похожих на раввинов, которые не спеша прошествовали им навстречу вдоль фасада старой грязелечебницы, обогнули ее и направились к высокой каменной беседке. Ну вот, если это не привидения, то, значит, подруги здесь не одни, и можно, не опасаясь, выйти и поближе познакомиться с историческим местом. Инна припарковала машину, и они с Марой прошли следом за стариками. Те уже сидели на скамейке и тихо беседовали, явно не по-английски – то ли на идиш, то ли на иврите, не обращая на женщин никакого внимания.

В беседке действительно оказался источник. Вода текла из крана, встроенного во внутреннюю стенку круглого каменного колодца, а рядом на столике были разовые пластиковые стаканчики, как будто кто-то приходил сюда на водопой. Но самое удивительное было то, что на облезшей штукатурке была надпись по-русски «магниевая вода». Что за чертовщина! В американской глуши, в историческом месте, где, кажется, никто и не живет, только чудом каким-то оказались эти два религиозных старика, надпись на чистом русском языке! Видно, недаром серой пахло. К беседке примыкала обшарпанная крытая галерея, где находилось еще несколько источников. Инна с Марой пошли дальше, читая «глазная вода», «вода для почек», «желудочная вода». Для надписей, очевидно, пользовались английским трафаретом, что потребовало некоторой смекалки, – так, для «з» и «ч» использовались цифры 3 и 4, а для буквы «Я» – перевернутое «R», буква «х» была превращена в «ж» вертикальной чертой посередине. Инна попробовала воду из всех источников (Мара не стала, побоялась), и они пошли обратно, не переставая удивляться. Вернувшись на дорогу, которая была главной улицей поселка и называлась, как все главные улицы маленьких американских городков, Мэйн стрит, они пошли дальше. Несколько магазинов, расположенных в первых этажах домов, были закрыты. Инна с Марой остановились у витрины то ли книжного магазина, то ли библиотеки, где были выставлены старые книги с фотографиями, по-видимому, этого самого исторического места. Вдруг рядом как из-под земли вырос немолодой, хорошо одетый мужчина и сказал по-русски с акцентом:

– Здрасьте!
– Здравствуйте! – удивленно обернулись подруги. Мужчина перешел на английский:
– Вы здесь отдыхаете?
– Нет. Приезжали на оперу в Глиммерглас, и решили посмотреть, что это за историческое место такое.
– Да, это особое место. Вы заметили, наверно, как все обветшало, а какая была красота когда-то! А для меня это место вдвойне историческое. Вон там каменное здание на горе – не видели?
– Мы проезжали, очень красивое.
– Это бывший шуль. Там у меня была бармицва, причем, заметьте, на идиш. Мало кто может этим похвастаться! А вот в этом большом отеле…
– «Адлер»?
– …у нас с женой был rehearsal dinner. Отель и сейчас действует. А в остальном – видите, какое запустение.
– Но почему? Здесь же так красиво!
– Вы, наверно, русские эмигранты?
– Нет, мы с Украины.
– Все равно, еврейские эмигранты. Я знаю, я с такими в Хиасе и в Наяне работал. Так вот, вы приехали недавно и не знаете, что раньше в Америке был сильный антисемитизм. Евреев брали далеко не на всякую работу, не все колледжи их принимали, были закрытые клубы, куда евреев не брали, и не каждый отель пустил бы их к себе постояльцами. Поэтому, когда было принято ездить лечиться на воды, богатые гои ездили отдыхать в Саратога Спрингс, очень красивый городок недалеко отсюда, но аидам туда путь был закрыт. Ну, они и устроили здесь, в Шэрон Спрингс, свой курорт.

– А почему надписи по-русски?

– А российские эмигранты так и ездят сюда по старой привычке. У вас ведь там грязе- и водолечение и сейчас популярно, так ведь? В Америке теперь на медикаменты перешли. Но ваши люди продолжают ездить, да и старые эмигранты приезжают по старой памяти. Кое-кто теперь переключился на Саратогу, но там по-прежнему дорого, здесь дешевле. Может, еще и возродят это место. Начали покупать старые дома, немного подремонтируют и гостиницы открывают. Между прочим, – он понизил голос, – есть такие гешефтмахеры! – Он поцокал языком и покрутил головой. – Одна женщина тут открыла приют для детей Чернобыля. Фонды под это получила. А на самом деле устроила платный летний лагерь для детей иммигрантов, в основном из Нью-Йорка. Меня попросили помочь разобраться, я эту публику хорошо знаю.

– Мы сами из Киева, авария в Чернобыле при нас была.

– Well, I'll let you go, – заулыбался американец и торопливо стал прощаться. Упоминанием о близком знакомстве с Чернобыльскими событиями Мара с Инной нарушили неписаное правило small talk. – Приятно было побеседовать. Меня зовут Грин, Майкл Грин.

– Спасибо, Майкл! Мы как на экскурсии побывали.

Неожиданно для себя Инна добавила:

– Где бы вы посоветовали здесь остановиться? Я думаю приехать на несколько дней, на оперу походить. Тут, наверное, и снять легче, и дешевле намного, чем в Куперстауне.

– Почему бы не «Адлер»?

Так Инна и Мара оказались в вестибюле «Адлера». Отойдя от словоохотливой брюнетки, они смотрели, как отдыхающие заполняли вестибюль и проходили мимо них в направлении зала, из которого доносились звуки настраиваемых инструментов. Эти люди казались такими же затерявшимися в истории, как и весь Шэрон Спрингс. Мужчины в старомодных костюмах, шаркая ногами, сопровождали женщин с большим количеством косметики на лицах, с тяжелыми цепочками и огромными брошками, где перёд, шедшими вперевалку, неся на головах высоченные надстройки причесок, какие давно уже никто не носит. Впрочем, появились и люди помоложе с детьми, и несколько подростков, как тот мальчик в ермолке, которого они заметили раньше. А вот и современники, каких они привыкли видеть на улицах Нью-Йорка, без исторической одежды и доисторических причесок. Некоторые говорили между собой по-русски. Инна подошла к двум женщинам того же возраста, что и они с Марой. Они тоже были из Нью-Йорка, отдыхали здесь не первый раз и охотно ответили на Иннины вопросы. Взяв рекламную брошюру у конторки администратора, подруги покинули «Адлер».

Они еще побродили вокруг. Эти огромные полурассыпающиеся

дома среди вековых деревьев и пышного подшерстка сорняков и кустарников, этот флер осеннего умирания в разгар лета, паутиной окутывающий остатки былой роскоши, обладали какой-то сюрреальной притягательностью. Было тихо. Инне остро захотелось тишины и покоя. «Ну что ж, «Адлер» так «Адлер», – думала она. – Поживу в зверинце, даже интересно. Во всяком случае, хорошая еда – кошерная всегда хорошая. На массаж буду ходить. Цены смешные, а раз массажистка из Чехословакии, значит, знает свое дело. (У Инны из-за сидения за компьютером болели спина и плечо.) Опера недалеко, пляж еще ближе. Может, русский монастырь съезжу посмотреть. Да просто погуляю! За несколько дней не надоест».

Вернувшись в город после посещения Шэрон Спрингс, Инна договорилась на работе о недельном отпуске, зарезервировала билеты на три оставшиеся оперы сезона, номер в «Адлере» и, захватив пару книг, уехала отдохнуть от всего и от всех. В первый же день она умело уклонилась от ненужного ей общения с бывшими соотечественницами. Американцы же были не слишком навязчивы. Но на второй день за завтраком к ней подсел человек, знакомству с которым она не стала противиться. Марик был общителен, но ненавязлив, казался вполне интеллигентным, хоть и не вполне интеллектуалом. Было в нем неброское, тихое обаяние. Даже неплохо иметь такого компаньона для прогулок, поездок на пляж. Неглуп, говорит не слишком много, но и не молчун. Можно не проводить с ним время, когда не хочется, он не обидится. И она стала проводить с ним время.

Они гуляли вместе, ездили по дорогам среди густых лиственных лесов. Стволы многих деревьев были обвиты гирляндами плюща, что сначала показалось Инне красивым и необычным – такое буйство жизни! Но потом она стала замечать деревья, погубленные этими вьющимися растениями. Верхние ветки еще тянутся к солнцу, а боковые отпали или же почернели и упадут при первом сильном порыве ветра. А потом и верхние захиреют и умрут. А по бокам ствола, сквозь плотно обвивший свою жертву плющ, кудрявятся локоны другого растения – не ветви, а легкомысленные стебельки с густой листвой и зелеными соцветиями. «Так бывает и с людьми». И Инна теперь жалела эти могучие, полные жизни, но обреченные деревья...

Михаил КОСМАН. Неоконченный роман Евгения Замятина «Бич Божий»

ГЛАВА 5. Интегральная система образов в романе

Об интегральной системе образов в романе «Бич Божий» Замятин пишет в эссе «Закулисы», определяя свой собственный метод как метод создания интегрального образа:

Отдельными, случайными образами я пользуюсь редко: они — только искры, они живут одну секунду — и тухнут, забываются. Случайный образ — от неуменья сосредоточиться, по-настоящему увидеть, поверить. Если я верю в образ твердо — он неминуемо родит целую систему производных образов, он прорастет корнями через абзацы, страницы. В небольшом рассказе образ может стать интегральным — распространиться на всю вещь от начала до конца.

Замятин упоминает такие рассказы, как «Мамай» и «Пещера», где используется метод интегрального образа. В рассказе «Мамай» интегральный образ корабля, который, кстати, является любимым образом писателя, организует всю систему образов. В рассказе «Пещера» используется другой образ, который, однако, не только создан почти в одно время с рассказом «Мамай», но и структурирован так же, как в «Мамае», как интегральный. Рассмотрим вкратце рассказ «Пещера», чтобы понять, как это происходит.

Главная характеристика интегрального образа в рассказах Замятина того периода — их неподвижность. Каждый образ, рожденный из интегрального, подчиняется ему и не может, в свою очередь, повлиять на него. Так, в рассказе «Пещера» (дом бывшего интеллигента из Санкт-Петербурга сравнивается с пещерой) образ печки-буржуйки ассоциируется с ледяными пещерами и мамонтом; этот образ вплетен в представление Замятина о Петрограде как о ледяной пустыне. Все зафиксировано, и картина неизменна. Производные образы не взаимодействуют друг с другом, хотя возможности для этого есть, например укрытия и мамонт. Однако в рассказе эти образы изолированы друг от друга: укрытие, где, возможно, родился мамонт, представлено образом производным от интегрального, то есть от пещеры.

Известно, что в 1920-е годы интегральный образ Замятина подвергался заметным изменениям. В эссе «Закулисы», которое вышло в 1930 году, став последней работой, напечатанной им в СССР, писатель показывает, что метод интегрального образа ему по-прежнему важен и его развитие продолжается:

И более сложный случай — в «Наводнении»: здесь интегральный

образ наводнения проходит через рассказ в двух планах, реальное петербургское наводнение отражено в наводнении душевном — и в их общее русло вливаются все основные образы рассказов.

Даже слова, которые подбирает Замятин для описания образов, уже другие: акцент смещается — образы «плывут». В рассказе «Наводнение» изменения в подходе Замятина к интегральному образу очевидны, причем основными плывущими образами становятся ветер и вода. Взаимодействие этих образов ожидаемо уже в первых абзацах («ветер бил прямо в окно, стекла звенели, вода в Неве подымалась»); затем образы разъединяются и используются каждый сам по себе в двух планах, «реальном» и «душевном», пока автор не соединит их вновь, чтобы создать синтетический образ наводнения. Конечно же, система образов в рассказе «Наводнение» гораздо сложнее, и они заслуживают более пристального внимания, что в рамках небольшой статьи, однако, не представляется возможным. Совершенно очевидно и то, что Замятин продолжал работу с интегральным образом — он становился все более синтетическим и динамичным.

Рассказ «Наводнение» и роман «Бич Божий» относятся к произведениям, которые были опубликованы в конце 1920 — начале 1930-х годов. К сожалению, Замятин никоим образом не комментирует роман «Бич Божий» в эссе «Закулисы». Тем не менее законченная часть романа позволяет говорить о том, что «Бич Божий» — убедительное свидетельство тому, что писатель использовал интегральный образ не только в своих рассказах и повестях, но и в более крупном прозаическом жанре.

Создание системы взаимосвязанных образов в рамках такого масштабного литературного произведения, как эпический роман, безусловно, стало невероятно сложной задачей для Замятина. В отличие от коротких рассказов роман подразумевает использование определенной формы повествования для развития сложного сюжета. Задача писателя еще более усложнялась в романе «Бич Божий» тем, что он пытался рассматривать переходный период в далеком прошлом и в то же время представить свои собственные взгляды на неизменность, изменения и «бесконечную революцию». Несомненно, требовалось внести динамизм в развитие сюжета, чтобы достичь этой двоякой цели.

Сюжет первых семи завершенных глав романа «Бич Божий» развивается таким образом, что приводит к изменению движения разного характера: поход гуннов на Рим; рост и развитие Атиллы, который в итоге обучается у римлян; разрушение Рима и, как следствие, падение империи; мучительные терзания Приска, связанные с его долгом вести дневник. Изменения, которые происходят с образами, идут параллельно изменениям внутри сюжета. Данный параллелизм связан и со сменой тех, кто ведет рассказ о событиях, о чем уже говорилось в предыдущей главе. В конце законченной части романа даются выдержки из дневника Приска, и повествование от третьего лица превращается в повествование от первого. В этих отрывках Приск описывает Атиллу:

Утверждают, что имя <…> Атилла <…> происходит из слова, означающего <…> «железо»… Я не знаю, справедливо ли это, ибо их язык мне неизвестен. Но в те годы, когда я был в Риме, этот Атилла был там как заложник от хунов. Мне суждено было видеть его и много слышать о нем, и все, что мне о нем известно, оправдывает его имя.

Интерпретация Приска имени Атиллы противоречит версии, которую дает автор в начале романа. Он объясняет, что имя Атиллы связано с описанием рождения «железного человека»:

Они прошли к реке, которой имя было Атил, ее называли также Ра, и еще позже — Волга. Было близко утро. Заря висела на небе клочьями, как куски сырого мяса, и красными каплями падала на снег. Жена Мудьюга закричала так, что все остановились. Ее положили на войлок, на снегу она раздвинула ноги, ее распухший живот сотрясали судороги. Плечи у ребенка были такие широкие, что он, выходя, разорвал у матери все, и она умерла. По имени реки отец назвал его Атилла.

Если внимательно рассмотреть эти два фрагмента, то можно заметить, что разница между двумя версиями происхождения имени главного героя отнюдь не случайна. Объяснения имеют два разных источника, и Замятин подчеркивает значение этого противоречия, структурируя эти фрагменты похожим образом. Слова, которые несут в себе значение имени Атиллы («река», «железо»), появляются как в начале, так и в конце фрагментов. Таким образом, подчеркивается их значение для оставшейся части повествования.

Два противоположных значения имени Атиллы, которые даны двумя разными рассказчиками, приводят в движение взаимосвязанные цепи интегрального образа. Производная система образов, пронизывающая весь сюжет романа, охватывает практически все события, которые происходят в романе «Бич Божий». Динамизм системы обусловливает быстрое превращение одного образа в другой. Этот эффект достигается посредством синтеза противоположностей, воды и железа.

Замятин писал о литературных приемах синтетизма:

Синтетизм пользуется интегральным смещением планов. Здесь вставленные в одну пространственно-временную раму куски мира — никогда не случайны; они скованы синтезом, и <…> лучи от этих кусков непременно сходятся в одной точке…

Объяснение имени Атиллы можно рассматривать в качестве отправной точки для анализа синтетической структуры. Происхождение имени Атиллы от слова «вода» связано с образом рождения. Как будто в ожидании или рождении Атиллы, самый первый образ, который появляется на страницах романа, — это образ земли в родовых муках:

Прочной перестала быть самая земля под ногами. Она была как женщина, которая уже чувствует, что ее распухший живот скоро изрыгнет в мир новые существа…

Через две страницы земля опять сравнивается с рожающей женщиной. Однако это не просто повторение, поскольку к этому образу добавляется еще одна составляющая — вода, которая имеет отношение к Атилле, так же как и образ рождения:

…земля <…> как роженица, судорожно напрягла черное чрево, и оттуда хлынули воды.

Образ воды Замятин использует для описания ужасного потопа, который угрожает римлянам. В следующем абзаце с помощью этого же образа он описывает толпу варваров, которые надвигаются на Рим:

Все ждали новой волны — и скоро она пришла <…> Но теперь это было уже не море, а люди.

Наконец, образ воды, ассоциируемый с именем Атиллы и движением гуннов, смещается, чтобы описать сам Рим:

Каменная река Рима ревела неумолчно всю ночь…

Ранее, дав портрет Атиллы, Замятин пишет:

…хуны с шумом, как река, хлынули на другой берег и смыли готов.

То есть образ реки вводится в совершенно иной контекст. Тем не менее река, которая изначально ассоциировалась с гуннами, при взаимодействии с Римом приобретает характеристики камня, который является ее противоположностью. В результате «каменная река» Рима — это противопоставление, которое по смыслу параллельно противопоставлению в объяснении имени Атиллы (вода — камень; вода — железо).

Качество камня переносится на гуннов:

Оторвавшись от Балтийских берегов, от Дуная, от Днепра, от

своих степей, они катились вниз — на юг, на запад — все быстрее, как огромный камень с горы.

Стоит отметить, что, несмотря на очевидную схожесть, эти образы различны по значению. Когда речь идет о Риме, образ «каменной реки» воплощает неподвижность, неспособность Рима создать что-либо помимо того, что существует. Как уже упоминалось ранее, на тех страницах, где описывается Рим, вода приобретает прямо противоположную характеристику ее антипода — камня. И наоборот, камень, когда говорится о движении гуннов, теряет свою неподвижность, свое естественное свойство, и становится подвижным.

Эти примеры иллюстрируют взаимодействие второстепенных образов, которые необходимы для преобразования главного образа без нарушения его интегральности.

Тем не менее образ падающих камней неожиданно появляется снова в сцене, где юный Атилла приезжает в Рим. Образы падающих камней и реки, которая выходит из берегов, являются символом не только движения, но и бесформенности. Постепенное знакомство Атиллы с образом жизни римлян во время пребывания в Риме в качестве заложника идет параллельно тому, как река, которая отражает качества его самого и его народа, приобретает характеристики камня. В то же время Рим, во внутренних стенах которого Атиллу содержат как самого опасного врага, описывается не иначе как «каменная река»; образ воды, ограниченной камнем, соответствует развитию сюжета — в Риме происходит формирование характера этого героя.

Басс, римлянин, который, не желая того, помогает Атилле сформироваться как личности и закалить силу воли, как железо, показан в качестве его искусителя, причем лицо Басса покрыто сеткой многочисленных морщин. Басс пытается подавить волю Атиллы и хочет захватить его в свою сеть, но тот преодолевает искушение послушания; победу Атиллы можно рассматривать также с точки зрения образов: сеть (Басс) может удержать все, кроме воды (Атилла).

Столкновение с Бассом не проходит для Атиллы бесследно — его воля закаляется, растет ненависть к римлянам. Гнев Атиллы на Басса описывается во время их спора следующим образом:

…все почувствовали, что сейчас, в следующую секунду, что-то произойдет. В тишине были слышны частые удары молотков, это работали на фабрике статуй под дворцовой стеной, молотки стучали, как сердце.

Этот образ, естественно, относится к формированию характера Атиллы. Образы, так или иначе влияющие на дальнейшее формирование личности главного героя, связаны с описанием наказания, которое он получил за освобождение волка из клетки и за то, что натравил его на императора Гонория. За неповиновение Атилла сам оказывается в клетке волка. Используемый Замятиным образ железной клетки в сцене, где окончательно формируется характер Атиллы, более чем уместен: ограниченные клеткой мысли Атиллы направлены на его будущие завоевания:

…и тогда он сожмет всех их так, что из них брызнет сок.

Прообраз окончательной закалки воли Атиллы можно найти в самом начале романа. Одно из самых примечательных мест в городе, где Атилла провел свое детство, — кузница. Замятин описывает её так:

…кузница <…> мигала красным глазом.

После того как Атилла прошел закалку через столкновение с Бассом, его взгляд сравнивается с холодом железа. Вот Атилла поворачивается лицом к Адолбу, гунну, который должен отвезти его домой:

Атилла обернулся, он ничего не сказал, но его глаза прошли сквозь Адолба, как железо.

Ранее, во время спора Атиллы и Басса, Замятин вносит в роман следующие образы:

Атилла смотрел в глаза Бассу, они боролись глазами, как копьями, — и Басс отвернулся. Сердце у Атиллы полетело, широко размахивая крыльями, он понял, что победил.

Сравнение сердца Атиллы с улетающей птицей идет параллельно образу воды, просачивающейся сквозь сеть. Образ копий, в которые превращаются глаза Атиллы и Басса, служат той же цели: в момент победы Атилла освобождает себя от сети Басса — освобождается, разрывая сети Басса с помощью железа. Как вода, так и железо олицетворяют характер Атиллы, и они сильнее метафоры «сеть», характеризующей Басса.

Таким образом, первичное качество Атиллы, вода, после окончания его обучения в Риме соединяется со своей противоположностью — железом. То есть можно говорить о том, что способность меняться, скорость и движение главного героя соединяются с твердостью и разрушительностью действий. Слияние данных противоположных качеств предопределено уже в самых первых образах, использованных в романе, а именно земли в агонии родов, а затем и в произведенном ею разрушении. Даже сцена рождения Атиллы, которое приводит к смерти его матери, определяет природу самого героя. После изгнания из Рима и возвращения домой Атилла превращает бесформенные орды в силу, которая уничтожит Рим.

Фигура Атиллы становится катализатором взаимодействия образов воды и камня или воды и железа. Он наделен противоположными чертами характера, как гунны. Их движение подобно движению реки, несущей, так же как и камни, с собой разрушение.

Замятин меняет образ разрушения, вызванного водой — символа гуннов, чтобы описать атмосферу, в которой Приск пишет свой дневник:

> Снаружи, за стенами тихой комнаты Приска, время бушевало наводнением, потоком, события и люди мелькали, он еле успевал записывать. Он начал писать свою книгу, как историю Византии, но вышло так, что ему больше всего пришлось говорить там о хунах.

Неудивительно, что каждый раз в момент рождения новой эпохи появляются разрушительные образы потопа. Подобная ассоциация актуальна и вне контекста романа. Время действительно несет разрушение, и результаты его губительной работы особенно отчётливо видны во время переходных периодов. И нет ничего необычного в том, что течение времени сравнивается — по сути, это уже клише — с потоком воды. Однако появление образа потопа в дневнике Приска необычайно важно для понимания системы интегрального образа в романе «Бич Божий». Образ потопа по отношению к Приску дан параллельно описанию его судьбы, которую оба его учителя, Евзапий и Басс, сопоставляют с судьбой Ноя.

Более того, оказывается, что Замятин решил сравнить Приска и Ноя, который сохранил разных животных на своем ковчеге, через соотнесение объектов наблюдений Приска с животными. Образ зверя очень часто встречается в романе. Три щенка: один из них ассоциируется с Атиллой, другой — с Приском, еще один — с императором Гонорием. Также есть лошади гуннов; волк, которого римляне держат в клетке, а Атилла отпускает на волю; попугай слепого солдата; петух по имени Рим, любимец императора.

Образы животных используются для характеристики героев: мужчина с длинной, как у гуся, шеей; у другого — «розовые, свиные складки <…> на затылке»; у Ульда, командира группы гуннов, которые были верны императору, кошачьи зрачки.

Каждый из главных героев романа наделен качествами животных. Злобная мудрость Басса показана через образ змеи; похоть Плацидии — через образ петуха («остро клюнула глазами каждого из тех, кто был здесь»); Приск, пока он еще наивен и не может писать о тех, кого видит, похож на медведя… Атилла или, скорее, его сердце — это птица. Наделенный качествами зверей в большей степени, нежели другие

125

герои романа, он сравнивается одновременно с волком, быком (на лбу его «жесткие вихры торчали, как рога») и, как уже сказано, с птицей.

Подобное щедрое наделение качествами животных говорит о центральном месте, которое занимает Атилла в повествовании как автора, так и Приска. Тщательный подбор Приском образов животных, соотносимых с Атиллой, свидетельствует о том, что тот является самым ценным «экземпляром» в его коллекции.

Атилла избегает сети римлян и возвращается домой победителем. В последней главе законченной части романа Замятин переплетает сцены возвращения Атиллы домой со сценами путешествия Приска в его родную Византию. Замятин противопоставляет эти два путешествия из Рима: путь Атилла лежит вверх в горы; Приск же изгнан из Рима в открытое море. Атилла достигает точки, откуда он поведет гуннов, которые уже спускаются с гор, как «каменная река». В то же время нестабильная позиция Приска, сбитого с ног течением реки времени, становится более твердой, когда он начинает строить свой «ковчег», то есть писать свой дневник.

Скорее всего, если бы Замятин дописал свой роман, интегральная система связанных образов претерпела бы дальнейшую трансформацию. Пытаться предугадать, какой могла бы стать эта трансформация, нет никакого смысла, хотя сюжет романа можно было бы и развить, ориентируясь на пьесу Замятина «Атилла», в которой речь идет о последнем периоде жизни Атиллы — его роковой любви к Ильдегонде, «принцессе Бургундии». В конце жизни Атилла показан мучающимся от «ненавидящей любви», которую Приск испытывает в самом начале романа. Эта очевидная симметрия на уровне сюжета давала Замятину огромное количество возможностей развивать этот интегральный образ, берущий начало в оппозиции «вода — железо» («вода — камень»), и далее.

Что касается законченной части романа, нет никаких сомнений в том, что Замятин выстраивал параллель практически между всеми витками сюжета посредством преобразований внутри системы интегрального образа — системы, которую он сумел встроить в рамки своего модифицированного эпического произведения.

ПРИМЕЧАНИЯ

1 Это дипломная работа на степень магистра литературоведа Михаила Космана (1953, Москва — 2010, Нью-Йорк) в Колумбийском университете. Через несколько лет после смерти учёного его сестра Нина Косман перевела ее с английского языка на русский (не опубликована; заключительная глава 5 из этой работы печатается сейчас впервые).— Примеч. ред.

2 Zamyatin, Yevgeny. Backstage // A Soviet Heretic: Essays by Yevgeny Zamyatin / Edited and Translated by Mirra Ginsburg. Chicago: The University of Chicago Press, 1970, p. 198.

3 Замятин Евгений. Повести и рассказы / Вступ. ст. М. Л. Слонима. Мюнхен: Издание Центрального объединения политических эмигрантов из СССР (ЦОПЭ), 1963.

4 В данной работе я не ставил цель исследовать происхождение любимого образа Замятина. Анализ образов в романе «Бич Божий» сделан лишь в ее рамках. Рассказ «Пещера», а не «Мамай» выбран для того, чтобы показать первые опыты Замятина с использованием интегрального образа, сконцентрироваться на интеграции и не отвлекаться на сам образ. Избыточность образов воды и кораблей в произведениях Замятина и их связь с его профессиональными интересами в области кораблестроения представляется предметом для отдельного изучения. — Здесь и далее, если не указано иначе, примеч. авт.

5 Zamyatin, Yevgeny. Backstage // A Soviet Heretic… p. 198.

6 Обсуждение нападок на эссе «Закулисы» в советской прессе см.: Shane, Alex M. The Life and Works by Evgenij Zamjatin. Berkeley; Los Angele: University of California Press, 1968. p. 78.

7 Zamyatin, Yevgeny. Backstage // A Soviet Heretic… p. 198.

8 См.: Замятин Евгений. Повести и рассказы.

9 Речь идёт о главе 4 «Структура повествования в романе "Бич Божий" и ее связь с поэмой Вергилия "Энеида"» в дипломной работе «Неоконченный роман Евгения Замятина "Бич Божий"» М. Космана. — Примеч. ред.

10 Замятин Евгений. Бич Божий: Роман. Париж: Дом книги, [1938], с. 92.

11 Там же. С. 92. Частично перевод этого отрывка взят из работы Шейна Shane, Alex M., p. 192.

12 Zamyatin, Yevgeny. On Synthetism // A Soviet Heretic… p. 87.

13 Замятин Евгений. Бич Божий, с. 13.

14 Там же, с. 15.

15 Там же.

16 Там же, с. 44.

17 Там же, с. 24.

18 Там же, с. 15.

19 Там же, с. 62.

20 Там же, с. 84.

21 Там же, с. 23.

22 Там же, с. 84.

23 Там же, с. 62.

24 Там же, с. 93.

Елена ЛИТИНСКАЯ. Светлых дней поспешный шаг

* * *
Август. Лето на исходе.
Светлых дней поспешный шаг.
Неприкаянная бродит
вдоль воды твоя душа.

И зовёт меня на кромку –
на свидание с тобой –
повелительный и громкий,
обольстительный прибой.

Он сперва целует стопы
и, войдя в любовный раж,
заласкает ли, утопит…
Всё равно пойду на пляж!

Стихнут воды: форте – в пиано.
Унесут в пучину страх.
И останется лишь пена
кружевами на камнях.

* * *
Чаю, кофе? Всё не то пью.
Холодно вдвоём.
Дни засасывает топью
времени проём.
Солнце светит, но не греет.
Так и ты, мой друг.
Мы стремительно стареем.
Оглянёшься вдруг:
не найдёшь меня на карте
суеты сует.
И печаль волной окатит,
затмевая свет.
Закружат, завоют глюки.
Что же ты, дружок,
ледяные мои руки
отогреть не смог?

* * *
Я всё ещё гуляю вдоль канала.
Весна ль, зима.

И жизнь меня пока не доконала.
Дивлюсь сама.
Семнадцать лет прогулок одиноких
вдоль тёмных вод.
Зачем я здесь? Приносят сами ноги.
Вот так! Так вот:

канал на смену вех глядит без гнева –
покорный раб.
Из прошлого осталось только небо
и хляби рябь.

Там, где в огнях от Lundy's и ElGreco*
играли блюз,
другие струны натянула дека
по воле муз.

Плевком в глаза истории отныне –
кондова* высь.
Мой глас – что вопиющего в пустыне!
Не оглянись

назад, прими смиренно дней закатных
и новь и бег.
Пусть лунный свет волшебницы Гекаты
туманит брег.

---

* Названия ресторанов.
**Здесь имеется в виду высотный дом частных квартир, от английского condominium.

* * *
Ветер сдул одуванчики.
Распустился клевер.
Так природа задумала:
кому смерть, кому жизнь.
Нет принцессы Даяны,
но царит королева.
Руки в кольцах трясутся,
но престол не дрожит.
Отцветёт клевер.
И траву покосят.
И на лысых газонах –

пятна жухлой листвы.
Моих глаз треугольники,
как у женщин Пикассо,
видят мира изломы
и конец главы.
Сколько строк осталось
до последней точки,
я сегодня не знаю
и знать не хочу.
Память чёрным выводит
на белом листочке
векселя ошибок.
Пла́чу я и плачу́.

* * *

Передвинули время назад,
словно ферзя на доске.
Звёзды вылупили глаза –
то ль в насмешке, то ли в тоске…

Передвинули время на час.
А по мне – так лучше б на день.
Может быть, вчерашний Пегас
задержался б в моей узде.

Передвинули время на час.
А по мне – так лучше б на год.
Может, я бы смогла начать
путь к тебе в объезд и в обход.

Передвинули время на час.
А по мне – так лучше б на век.
Может, я бы тогда сгоряча
не сказала «прощай» Москве…

Передвинули время? Смешно!
Иллюзорна попытка сия.
Над пространством царит оно –
властелин бытия.

* * *

Что осень, что весна – проспект всё так же
бурлит. И перейти непросто вброд.
По сторонам слагаются в коллажи

дома, деревья, люди. Небосвод
нахмурил облаков густые брови.
Коль сердишься, Юпитер, – ты не прав!
Играет третий акт природа. Браво!
Ты сам придумал пьесу, начертав
порядок перехода лета в осень.
Дрожит последний лист – ни мертв, ни жив.
Его срывает ветер и уносит,
во временно́м пространстве растворив.

* * *

> *Ходим в люльке с погремушкой,*
> *Расцветаем, увядаем,*
> *Между Арктикой и Кушкой,*
> *Между Польшей и Китаем.*
>
> Юнна Мориц

Пробегают дни – пусты,
как сожженные мосты
меж девицей и старухой,
меж расцветом и разрухой,
между летом и зимой,
между небом и землёй,
меж презреньем и почётом,
между ангелом и чёртом.
между сказкою и былью,
между негою и болью,
между страстью и рассудком,
меж обманом и посулом,
между миром и войной,
правотою и виной,
меж Пикассо и Матиссом,
меж рекой Иордан и Стиксом,
между Библией и Торой,
между клеткой и простором,
между телом и одеждой
пробежать скорее между...
Между тем и между этим
проскользнём и не заметим,
что сужается просвет,
а назад дороги нет.

* * *

Я стояла с утра у Восточной реки.
Тридцать семь лет назад. Спал в коляске мой сын.
Небоскрёбы казались так взлётно легки.
Прорезали вершинами мягкую синь.

Я пыталась понять, для чего в Новый Свет
нас прибило тогда эмигрантской волной.
Ускользал по воде, не давался ответ.
И луч солнца играл, словно в жмурки, со мной.

Я пыталась забыть, кем была, как жила.
Чтоб под корень, под корень вину и беду.
Я себя отмела – для добра, не со зла.
Зачеркнула ту надпись, что мне – на роду.

Словно шлейф бесконечный, влачилась река.
Но упрямо тащились за мною, как воз,
безвозвратно покинутые берега,
где плакучие ивы рыдали без слёз.

Я стояла с утра у Восточной реки,
распахнув в восхищении настежь глаза.
Ни кола, ни двора, ни гроша – пустяки.
Тридцать семь лет назад…

* * *

Корабль. Тесная каюта.
Глухое, круглое окно.
Былое кажется уютным,
каким бы ни было оно.

Мы ссорились. Ох, эти битвы
с вершины ретро – пустяки.
Победы, поддавки, гамбиты…
Они не стоят и строки.

Мы плыли к острову Буяну
или к Бермудским островам.
И Небо льнуло к Океану,
аж горизонт трещал по швам.

Касанье тел на узком ложе.

Не люкс! Скажу я вам всерьёз.
Воспоминанья память гложут,
как гложет кость голодный пёс.

Атлантика явила милость:
упрятав нрав суровый вглубь.
Лаская штильно, подсадила
нас на любовную иглу.

И, любопытствуя, глядела,
свеченьем разрезая гладь,
Луна, как будто бы хотела
Земные страсти разгадать…

* * *

В нашем городе вечен ветер.
И причёски – напрасный труд.
Ветер плеши рентгеном просветит
и запутает гривы, как спрут.
Он заставит деревья поклоны
бить. И листья сметёт, как прах.
Покорятся осины и клёны,
и дубы на столетних ногах.
Разбросает он писем секреты.
Без стеснения и стыда
разболтает досужему свету,
кого оглушила беда,
кого огорошило счастье.
Из авеню сделает стрит.
Смешает названья, как масти…
Без правил играет. И страсти,
и карточный хаос творит.

Марина КУДИМОВА. Пискля в бочке. *Отрывок из романа*

Чуть выйдешь во двор:
– Повитель! Повитель!
Как это клички прирастают к людям? И почему «повитель»? Наверно, из-за кучеряшек, которые выбивались из свежезаплетенных кос и разбегались по лбу и лицу.

У мамы на Юлины волосы терпения не хватало. Иногда она даже шлепала Юлю по голове «ежовой» щеткой с металлическими зубцами. Зубцы можно вынимать из резиновой подушечки и вставлять обратно. Когда мама застала Юлю за этим занятием, ор был нещадный:
– Остригу наголо!
Уж остригла бы, чем так мучить! Но ежеутренние пытки с выдиранием целых прядей не прерывались.
– Больно! Больно! – верещала Юля.
– Не больно! Не больно! – вопила мама.

Когда ее ссылали на Проспектруда, начиналось раздолье. Тетя Ната плести косы вообще не умела, звала на помощь Михневых. Они приходили всей семьей – двойняшки Олька и Элька, Юлины ровесницы, старшие – Колька и Шурка, бабушка, которую никто иначе не звал, дочь бабушки и мать всех остальных – Евлалия Захаровна. Она чесала Юлю лучше всех, но после ночной смены спала, и Юля по три дня ходила нечесаная, чему только радовалась. Нет, лучше всех справлялась бабушка, но она взяла – и умерла. С тех пор Юлю отправляли на Проспектруда при каждом удобном случае, а с тех пор как Юля пошла в школу, удобным случаем стали каникулы. Тетей Ната приходилась маме, а не Юле, а звать ее так выпало Юле. Муж Липов звал ее НАТО.

У тети НАТО Юле чем-то нравилось, чем-то нет. Она ужасно боялась Натиного мужа с нечеловеческим именем Никандр Никанорович. Евлалия Захаровна тоже не подарок, но тетя Ната окликала ее Лалей, и это действовало примиряюще. Муж в домашней обстановке, впрочем, звался Никой, что не мешало страху заполнять Юлин мочевой пузырь. Как только Ника свешивал к ней моржовые усы, Юля ощущала нестерпимый позыв к малой нужде и пару раз опростоволосилась в этом направлении.
– Фу, пискля,– сказал Никандр Никанорович, когда у Юли потекло по голым летним ногам. Хотя писком описывание не сопровождалось.

И долго потом не подходил и не свешивался, что Юлю устраивало. Но писклю не забыл.

В маленький город, где находился Проспектруда, Юлю везли из большого, находившегося поблизости, на медленном поезде с твердыми ребристыми сиденьями. Поезд останавливался четыре раза и стоял дольше, чем ехал. На одной из остановок вдоль вагонов вместе с поездом стоял по стойке «смирно» забор в кружевах колючей проволоки, а за ним – вышка и сверху солдат. Юля ему всякий раз махала – он не отвечал и не шевелился. Юля думала, что сюда переселили оловянного солдатика. Ее эта мысль утешала. Значит, он не расплавился в огне.

Никанор Никандрович – нет, наоборот, Никандр Никанорович ее специально не пугал. Но, свешиваясь, задавал коробящие вопросы:

– А что ты, любезная, думаешь о политике лейбористов?

Или:

– А не приходило ли тебе в голову, малютка, что узкие поля «Арифметики» Диофанта, на которых якобы не поместилось доказательство теоремы Ферма, лишь предлог, и на самом деле доказательства просто не существует?

Он никогда не сажал Юлю на колени, а дядисережиных сыновей всегда сажал и подбрасывал. Она подходила и пыталась пристроиться, но Ника этот моржовый ее отгонял:

– Пискля-а, – тянул он брезгливо. – Отойди! Тут мальчишки играют.

Однажды она закапризничала от такого неравенства, и Никандронович раздул усы и произнес ужасную гадость, от которой она долго просыпалась ночами и плакала:

– Шебуршишка-пискля,

За спиной хвост трубой,

Язычок через плечо,

Рожки маленькие.

Последнее слово он противно и визгливо растянул: «маааааленькие». И Юле все снилась и снилась эта шебуршишка с рожками и язычком.

У Ники был ненастоящий сын Володя, который никогда не играл вместе с дядисережиными Гешкой, Гошкой и Васькой. Иногда пытался присоединиться, но усы Никандра-Никанора начинали так шевелиться, словно собирались отделиться от губы и схватить Володю за палец. Гешка, Гошка и Васька от дворовых Юлю не защищали и обзывались «повителью» совместно. А ненастоящий Володя защищал, кирпичами и палками кидался. Он был старший и походил немного на старичка, будто от Ники заразился. Учился в ремесленном, но хотел стать художником. Сам говорил. Его Никанордр нашел в детском доме и никуда от себя не отпускал.

– Сбеги от него! – как-то велела ему Юля.

– Много ты понимаешь! – сказал Володя загадочно и добавил: – Пискля!

Юля отпрянула и больше не подходила. Он ее предал повторенным чужим словцом. Одевался Володя как солдат на вышке, только черного цвета, и тетя НАТО сравнивала его с реалистом. Что еще за реалист такой?

Дядя Сережа был летчик гражданской авиации. Тут Юля обладала необходимым знанием: авиация – это самолет. Ей думалось, потому «гражданская», что граждан переносит по воздуху с места на место.

Она очень хотела бы попасть в самолет – хотя бы на земле, и когда дядя Сережа выпивал – а это каждый день, он обещал ее взять в кабину и посадить за штурвал. Штурвал Юля представляла. Это руль – такой же, как в дядисережиной «Победе», только без бибикалки – бибикать в небе нельзя, да и некого распугивать. Птиц, что ли? У дяди Сережи тоже была форма, красивая, темно-синяя, но в отпуске она в коридоре висела на вешалке.

У тети Наты болели ноги, и она всегда сидела на кухне и стряпала. Не только на «ораву», как она прозывала летних родственников, но и на гостей Ник-Ника.

– Ника! Ника! – каждые полчаса взывала она из кухни. – Иди попробуй. Кажется, недосолено.

Юля время по часам еще не разбирала, но ей казалось, что «каждые полчаса» – достаточно часто. Никанодор выходил в полосатой текучей пижаме, немного шаркая, из комнаты, где он всегда занимался с Володей – в ремесленном, по-видимому, задавали на дом больше, чем в школе. Тетя Ната дула в ложку, он наклонялся и с осторожным присосом пробовал.

– Недосол на столе, пересол на спине, – говорил. – Сальпетриер у твоих ног. Ты нам не мешай, мы с Володей занимаемся.

– Знаю я, чем вы занимаетесь! – вызывающе говорила тетя Ната.

Никанорд ее осаживал:

– Молчи, НАТО! – и ушаркивал в таинственную комнату, куда никому не разрешалось проникать.

Сальпетриером он по-чудному нарек городок, который носил имя героя гражданской войны. Вообще Ника был большим чудаком. У тети Наты руки до Юли не доходили, и она целый день околачивалась во дворе или у Михневых, в том же дворе, только за низенькой отдельной оградкой. Кормили ее и там, и там, а менять трусики и носочки она поневоле научилась сама, так что проблем не испытывала. Олька и Элька дрались до крови, Колька и Шурка их подзадоривали, а то и приобщались. Лаля просыпалась, разнимала и разводила по углам. Элька, порыдав, шла просить прощения, а Олька – никогда. От этого Юля чаще общалась с Олькой, хотя нравилась ей больше Элька. Лаля заново засыпала, и из угла можно было идти куда хочешь. Олька всегда к вечеру хотела в детский сад по соседству, потому что детей там летом не держали, увозили куда-то в лес. Юля любила играть, а Олька разговаривать о стыдном.

– Ты с мужиками это самое? – спрашивала Олька, по-беличьи цокая семечками.

У Юли холодели руки. Она тогда еще не ходила в школу и ничего толком про это не знала – только вроде бы что дети из живота родятся.

– Что ты имеешь в виду? – Юля знала культурные слова.

– Ну…? – уточнила Олька показом, ставя Юлю в неприятное

положение.

— Как? — спрашивала Юля нейтрально.

— Как-перекак, — дразнительным голосом повторяла Олька. — Ну, они на тебя ложились?

Они с Гешкой, Гошкой и Васькой сколько раз спали в дядисережиной «Победе», и беспокойный младший Васька наваливался на нее среди ночи, а один раз заехал рукой по носу. Юле вдруг стало жарко щеками.

— А в шесть лет это бывает? — догадываясь о чем-то невыносимом, интересовалась она.

Олька хихикала, сплевывая ошкурки. Юля раздумывала, у кого выяснить подробности. Перед Олькой дальше позориться не хотелось.

Она представила себе, как мама возвращается с работы, а на нее в этот момент налег чужой дядька, и к чему это приведет.

Когда Володя в очередной раз отбил ее у мальчишек и сопровождал домой, она решилась:

— Вот если какой-то дядька на меня наляжет — это как?

— Какой дядька? — Володя нахмурил свое полустарческое лицо.

— Ну, например, — пояснила Юля.

— К тебе кто-то пристает? — Володя приостановил пересечение двора.

— Нет! — как можно чистосердечнее успокоила Юля. — Например же!

— Ты только мне скажи, — Володя взял ее за плечо и повел дальше. — Я разберусь.

Юлю это успокоило, но ненадолго. Володя был все время в распоряжении Никандра — или Никанора, — и попробуй его дозовись, если что.

Больше, чем нависаний с дурацкими вопросами, Юля боялась только дождевой бочки. Бочка стояла в углу, как наказанная Олька, и в ней глубоко что-то булькало само по себе. Прошлым летом, перед школой, она ждала и не могла дождаться, когда мама ее заберет покупать форму и портфель. Нетерпеливо играла в штандар, хотя радовалась, что ее не обзывали и не гнали, и смотрела в сторону улицы. Проспектруда был совсем не далеко от станции. Мяч, криво подброшенный несуразной Элькой, вместо того чтобы лететь прямо к небу, описал дугу и плюхнулся в бочку. Юля стояла ближе всех, ее даже забрызгало, и она, не раздумывая, бросилась, и даже не бросилась, а отогнулась, чтобы достать. Бочка была Юле по шею, мяч отнесло к противоположному краю. Юля немного подпрыгнула, протянула руки, на уровне подмышек измазалась и окарябалась о ржавый обруч, встала на цыпочки, потянулась — и последнее, что она помнила, была ее собственная мысль:

— Сейчас они увидят, что у меня трусики порвались.

Все последующее Юля знала по наперебойным рассказам Гошки, Гешки и Васьки.

– Я как заору: «Повитель утопла!», – Гошка

– Нет, это я заорал! А ты заревел, – Гешка.

– Чего врете? – Васька. – Она кувырк! А я Вовку увидел и заорал.

В общем, все, по их словам, заорали, не исключая Кольки и Шурки Михневых. В это же время Володя в черном, ремень с блестящей пряжкой, шел по двору с одной стороны, а мама со станции – с другой. Ноги Юли торчали из бочки сандалиями. Володя успел первым, не жалея гимнастерки, сунул руки в бочку, вытянул Юлю, как рыбу из садка, и понес текущую со всех сторон навстречу маме, которая, говорят, тоже визжала как резаная:

– Караул!!! Скорую!!!

Юля очнулась голая, когда мама терла ее грубым полотенцем, и в свою очередь загаркала привычное, если дело касалось мамы:

– Больно! Больно!

– Не больно! Терпи, дрянь такая! – мама шлепала ее и терла, шлепала и терла.

Гулять Юлю не выпустили, и остаток дня она провела с тетей НАТО в кухне, обернутая еще более, чем полотенце, грубым одеялом. По случаю такого приключения Юля была в центре внимания, и даже Никанондр сочувственно шевелил усами и говорил с оттенком жалости:

– Ах ты, пискля!

Мама с дядей Сережей здесь же выпивали.

Зато Юля вдоволь наелась блинчиков, которые тетя Ната переворачивала и снимала с невиданной скоростью особенной лопаткой, бросая в огромную белую тарелку. Обычно Гошка, Гешка и Васька расхватывали пальцами раскаленную добычу со сковороды, минуя тарелочную стадию.

– Давайте Вовку позовем! – предложил дядя Сережа. – Хватит ему там со стариком. Вовка – герой дня.

– Жизнь тебе спас, чучундре! – сказала мама и подергала Юлю за нос.

– Вова! Вова! Иди сюда! – голос у тети Наты был как заводской гудок.

Володя пришел через некоторое время. Подпер притолоку и вопросительно выговорил:

– Ну?

– Что ну? – взвилась тетя Ната, которую Володя раздражал чаще, чем Юля – маму. – Стой как человек!

– Я как человек, – сказал Володя серьезно.

– Ладно, мать, кончай! – сказал дядя Сережа. – Садись, Владимир, выпей с нами за подвиг спасения на водах.

– Не пью, спасибо, – сказал Володя.

– Дедушка не разрешает? – усмехнулся дядя Сережа.

– У меня нет дедушки, – сказал Володя с вызовом. – Я сирота.

— Ой, только не надо, — сказала тетя Ната. — У каких родителей ты бы так жил? И кто они еще были, неизвестно.

Володя промолчал, отвернулся. Юля подумала, что между детским домом и детским садом разница, как между Олькой и Элькой.

— Слышь, — неожиданно сказал он, не поворачивая лица к присутствующим, и такое обращение могло быть адресовано только Юле. — Пойдем к нам. Мы книжку читаем интересную. Про Бикельгерия.

Мама и дядя Сережа беззастенчиво засмеялись.

— Гекльберри, — сказала тетя Ната злобно. — Гекльберри Финн.

— О, финны, — задумчиво сказал дядя Сережа. — Красавица Суоми, какку-пукки!

— Сергей! При ребенке! — строго сказала тетя Ната.

Дядя Сережа чмокнул Юлю в не до конца просохшие волосы и хрипло запел:

— Много лжи в эти годы наверчено,
Чтоб запутать финляндский народ.
Раскрывайте ж теперь нам доверчиво
Половинки широких ворот!

— Половинки? — озадаченно спросила мама.

— Никогда! Только по полной! — дядя Сережа ровно бултыхнул из бутылки в рюмки, которые Юле всегда казались опасно хрупкими, и продолжил пение:

Ни шутам, ни писакам юродивым
Больше ваших сердец не смутить.
Отнимали не раз вашу родину —
Мы приходим ее возвратить.

— Можно, я с Володей пойду? — тихо попросила Юля.

Мама не обратила внимания, а тетя НАТО сказала преувеличенно ласково:

— Иди, иди, деточка! А то им без тебя скучно.

Пока Юля плелась за Володей по коридору, из кухни раздавался жизнеутверждающий хрип:

— Мы приходим помочь вам расправиться,
Расплатиться с лихвой за позор.
Принимай нас, Суоми-красавица,
В ожерелье прозрачных озер!

Юля впервые перешагнула порог заветной комнаты и замешкалась. Она никогда не видела столько книг.

Никандрон из обширного кресла вскинул изумленные усы.

— Пусть она послушает, — сказал Володя просительно. — Чего ей там с пьяными!

— Ну, кто даму приглашает, тот ее и ужинает, — Никанондр вдруг улыбнулся добро, как настоящий дедушка.

— Она поела уже, — сказал Володя. — Давайте дальше.

— Как прикажете, гости дорогие! – новоявленный дедушка снова не рассердился, а осклабился и вздел очки:

«Отец валялся в углу. Вдруг он приподнялся на локте, прислушался, наклонив голову набок, и говорит едва слышно:

— Топ-топ-топ — это мертвецы... топ-топ-топ... они за мной идут, только я-то с ними не пойду... Ох, вот они! Не троньте меня, не троньте! Руки прочь — они холодные! Пустите... Ох, оставьте меня, несчастного, в покое!..

Потом он стал на четвереньки и пополз, и все просит мертвецов, чтоб они его не трогали; завернулся в одеяло и полез под стол, а сам все просит, потом как заплачет! Даже сквозь одеяло было слышно...»

На этом месте Юля, завернутая в одеяло не хуже сумасшедшего из книги, не выдержала и заревела со страху.

— Пискля! – Никадронович бросил книгу и зажевал ус. – Я же говорил, не надо сюда никого водить! Разве нам плохо вдвоем?

Он взял Володю за руку, но тот выдернул, точно из рукава:

— Ей спать пора. Она и так чуть не уходилась, а вы пугаете!

— Ты же был инициатором приглашения, и вот тебе пертурбация, – попробовал отговориться Никандрарий.

— Могли бы пропустить, где страшно, – ворчливо и не так чтобы вежливо перебил Володя. – Она же маленькая!

Он второй раз за день взял Юлю на руки, и она затихла, прижалась к его плечу и заметила попутно, как Володя сильно вырос. Донес ее до диванчика, на котором Юля спала с тех пор, как решила больше не оставаться с братьями в машине. Юля остановила его:

— Побудь чуть-чуть.

Володя присел на край:

— Чего боишься, дурочка? У Гека отец пьянюшка. Белая горячка у него. Он опомнится потом.

— Тебе в детском доме было плохо? – спросила Юля.

— Ну, как плохо? Жрать только хотелось. А так – жить можно. Я там всегда малышню укладывал. Надзиралка к хахалю уйдет, а я оставался, мне даже нравилось. Сказки им рассказывал.

— А мне расскажешь? – попросила Юля.

— Да я уж позабыл все.

— А у Никандра тебе хорошо?

— Могло быть хуже, – сказал Володя. – Пацаны такие пушки заряжали, когда с воли приходили. А тут... Ничего, тики-так. Ну, все, спи давай.

— Какие пушки? – успела спросить Юля и провалилась.

Утром они с дядисережиными сыновьями и мамой зачем-то мчались в какое-то Обокино, где продавались сушеные лещи. В Обокине застряли на три дня у знакомой дяди Сережи, и он гонял на чьем-то мотоцикле по пруду, и мотоцикл заглох, а дядя Сережа хрипел:

– Отдать пульс! Убрать лапти!

А Гошка и Гешка его перекрикивали:

– Папа! Вылезай сейчас же! Мы все маме расскажем!

А дядя Сережа махал мокрым кулаком и кричал:

– Стукачи! Вы мне не сыновья!

А Васька кричал:

– Я не расскажу! Я не расскажу!

– Молодец! Жиган! Наследник! – одобрял его намерения дядя Сережа.

А знакомая бегала по берегу и кричала:

– Мой меня убьет!

А потом они опять пили, потом ехали из Обокино с вязанкой ненужных лещей в багажнике, и дядя Сережа горланил жутким голосом:

– Три друга, три пилота

Летали на У-два…

А мама отчего-то была скучная.

И они ни с того ни с сего начали падать с моста в реку, и мама истошно взвыла:

– Идиот! Угробишь всех!

И на сей раз к реву Гошки и Гешки присоединился Васька, а Юля молчала – ей после бочки было все равно, и Володя сюда не успеет.

А дядя Сережа твердил, как по радио:

– Спасение неизбежно! Я заговорен!

И откуда-то появился трактор и тащил их тросом.

Совсем скоро Юля пошла в школу. Там ничего хорошего ее не ожидало.

Вера ЗУБАРЕВА. Королевич Елисей
Библейские мотивы в «Сказке о мёртвой царевне и семи богатырях»

Королевич Елисей, сумевший разбить гроб хрустальный и вернуть к жизни царевну. Кто он? В чём его могущество, и почему оно превосходит могущество братьев, не сумевших оживить царевну ни «молитвою святой», ни трёхдневным чаянием («Ждали три дня, но она // Не восстала ото сна»)? Оживить её может только королевич Елисей. И дело здесь не только в силе любви, иначе это был бы не Пушкин, а Жуковский. Это у него царевна пробуждается от поцелуя:

Вот, чтоб душу насладить,
Чтоб хоть мало утолить
Жадность пламенных очей,
На колени ставши, к ней
Он приблизился лицом:
Распалительным огнем
Жарко рдеющих ланит
И дыханьем уст облит,
Он души не удержал
И ее поцеловал.
Вмиг проснулася она <...>

В пушкинский замысел поцелуй явно не входил. Елисей оживил свою суженую другим образом:

И о гроб невесты милой
Он ударился всей силой.
Гроб разбился. Дева вдруг
Ожила.

Можно, конечно, увидеть в этом метафору потери девственности и пробуждения женского начала, но это будет лишь поверхностный пласт восприятия символики пробуждения царевны. В контексте пушкинской сказки девственность царевны имеет духовный, а не только физический смысл и потому равнозначна целомудрию. Разница в сюжетах Жуковского и Пушкина ещё и в том, что Жуковский называет свою поэму-сказку «Спящая царевна», а Пушкин – «Мёртвая…». Поэтому о разбуженной девственности можно говорить только относительно героини Жуковского, а у Пушкина речь идёт о воскрешении.

Непосредственным воскресителем царевны и становится королевич Елисей.

Со свойственным ему умением прятать главное в подтекст, Пушкин почти ничего не сообщает читателю о королевиче, ничего, что могло бы пролить свет на его чудодейственный дар. Единственное, что служит ключом к пониманию образа Елисея, это его имя. Имя «Елисей», означающее «Бог спасает», появляется в третьей книге Царств. Там Елисей предстаёт как помазанник Ильи-пророка. (3Цар. 19:15-17)

Елисей перенимает эстафету от Илии, после того, как тот возносится на небо в горящей колеснице, и становится самым авторитетным библейским пророком, способным, к тому же, воскрешать из мёртвых. Знал ли Пушкин об этом пророке? Несомненно. Во времена Пушкина основные ветхозаветные пророки были общеизвестны, а сказание об Елисее входило в число паремий, которые читались на страстную субботу. Будучи при дворе, Пушкин обязан был посещать главнейшие богослужения, и он несомненно слышал в Петербурге в церкви ежегодно эту паремию Великой Субботы.

Сюжет Елисея был интересен Пушкину. Об этом свидетельствует и тот факт, что он любил и восторженно отзывался о пародийной поэме В. И. Майкова «Елисей или раздражённый Вакх» (1771), не имеющей, однако, параллелей со сказкой. У Майкова в поэме упоминается также и «братец» Елисея «возлюбленный Илюха» (намёк на библейскую родословную его героя).

В «Сказке о мёртвой царевне...» сюжет «Белоснежки», о котором не раз писалось в литературоведении, переплетается с библейским сюжетом о пророке Елисее. Прежде всего, обращает на себя внимание тот факт, что королевич — единственный среди главных персонажей, кто назван по имени. По этому признаку он выделяется из всех. Действительно, и царевна, и царица, и царь, и богатыри, включая и того, кто сватался к царевне, остаются безымянными, хотя, казалось бы, уж царевна должна была бы иметь имя. В этом была бы какая-то симметрия между главным героем и героиней. Но Пушкин явно хочет другого. Ему важна не симметрия, а, наоборот, выступание этого персонажа. Царевна выступает в заглавии вместе с богатырями, словно вместе они и являются фокальной точкой. Однако в имплицитном пространстве подтекста этой точкой становится королевич, выделенный по наличию имени и функции воскресителя.

И это в полном соответствии с тем, что мы читаем в книге Царств о пророке Елисее.

Пророк Елисей обладал даром исцеления и воскрешения из мёртвых. В четвёртой книге Царств описано воскрешение им сына Сонамитянки на горе Кармил.

И вошел Елисей в дом, и вот, ребенок умерший лежит на постели его. И вошел, и запер дверь за собою, и помолился Господу. И поднялся и лег над ребенком, и приложил свои уста к его устам, и свои глаза к его глазам, и свои ладони к его ладоням, и простерся на нем, и согрелось тело ребенка. И встал и прошел по горнице взад и вперед; потом опять поднялся и простерся на нем. И чихнул ребенок раз семь, и открыл ребенок глаза свои. (4Цар. 4:32-35)

Вопрос, возникающий в этой связи, следующий: если прообразом королевича в сказке является пророк, то как же объяснить тот факт, что королевич не знает, умерла ли царевна или жива? Объяснение – в аналогичном незнании пророка Елисея о смерти ребёнка.

И отправилась и прибыла к человеку Божию, к горе Кармил. И когда увидел человек Божий ее издали, то сказал слуге своему Гиезию: это та Сонамитянка. Побеги к ней навстречу и скажи ей: "здорова ли ты? здоров ли муж твой? здоров ли ребенок?" -- Она сказала: здоровы. Когда же пришла к человеку Божию на гору, ухватилась за ноги его. И подошел Гиезий, чтобы отвести ее; но человек Божий сказал: оставь ее, душа у нее огорчена, а Господь скрыл от меня и не объявил мне. (4Цар. 4:25-27)

Как видим, опрос идёт через посредника – слугу, который не в курсе, как и сам пророк Елисей. Роль таких неосведомлённых слуг в сказке играют месяц и солнце. Каждый из них высказывает своё предположение, но оно не есть знание. Так, солнце предполагает, что царевны нет в живых. Месяц же говорит: «Без меня царевна видно // Пробежала». В библейском сказании пророк не знает ни о том, что ребёнок мёртв, ни о том, что тело его мать принесла с собой. Причина неведения – воля Господня («а Господь скрыл от меня и не объявил мне»). Ссылка на это даётся Елисеем вместе с открывшейся ему вестью о смерти ребёнка. В сказке вестником становится ветер, о котором Елисеей говорит: «Не боишься никого, // Кроме Бога одного». Образ богобоязненного ветра-вестника свидетельствует о том, что, во-первых, природа в сказке не языческая, а, во-вторых, ветер не символ Духа Божия, он всего лишь Его вестник. Вопрос, почему именно ветер оказывается в сказке вестником, вновь ведёт к библейскому сказанию, где пророк Елисей связан непосредственно со стихиями ветра и дождя.

Вторая параллель между двумя Елисеями просматривается в описании процесса воскрешения («И о гроб невесты милой / Он ударился всей силой»). Любопытно, что Пушкин использует глагол «удариться», а не «ударить». «Удариться всей силой» предполагает удар всем телом. Но как же Елисей мог удариться о гроб, когда всё место обнесено решёткой? Даже если и предположить, что решётка не сплошная, а с калиткой, о которой Пушкин ничего не упоминает, то калитка должна была бы запираться на замок. Но к чему калитка, если братья, вопреки христианской традиции, не приходят навещать мёртвую царевну? Об этом свидетельствует ветер, говоря, что «вкруг того пустого места» «не видать ничьих следов». Из этого явствует, что царевна оставлена без дозора, в отличие от Белоснежки, у гроба которой гномы установили дежурство. Если предположить, что братья всё же сделали калитку, но о замке не позаботились, то для чего было вообще сооружать ограду вокруг гроба? Или сама конструкция несёт в себе какую-то важную символику?

Вопросов слишком много, чтобы ответить на них сразу, но главный вопрос остаётся: как королевич мог удариться (т.е. всем телом) не о боковую, а верхнюю крышку гроба? И действительно, хотя Пушкин и пишет, что «гроб разбился», разбилась на самом деле только верхняя крышка:

Глядит вокруг
Изумленными глазами,
И, качаясь над цепями,
Привздохнув, произнесла:
«Как же долго я спала!»
И встает она из гроба...

Встать из гроба можно лишь при отсутствии верхней крышки. В противном случае, можно только выползти сбоку. Так как же королевичу Елисею удалось удариться о верхнюю крышку гроба, обнесённого решёткой? Это возможно сделать только, прыгнув или упав на гроб. Впечатление, будто Елисей чудодейственным образом вознёсся и упал на гроб, разбив крышку, что привело к воскрешению его возлюбленной. Обратимся к воскрешению ребёнка, описанному в четвёртой книге Царств. Там положение Елисея в момент воскрешения описано как положение "над" ним («И поднялся и лег над ребенком... потом опять поднялся и простерся на нем»). Но этого недостаточно для получения полноты представления о той парадигме, которую мог использовать Пушкин в сцене воскрешения царевны Елисеем.

Последняя история о воскрешении пророком Елисеем «одного человека» год спустя после смерти самого пророка является ещё одним, дополнительным, сближением двух сюжетов воскрешения.

И умер Елисей, и похоронили его. И полчища Моавитян пришли в землю в следующем году. И было, что, когда погребали одного человека, то, увидев это полчище, погребавшие бросили того человека в гроб Елисеев; и он при падении своем коснулся костей Елисея, и ожил, и встал на ноги свои. (4Цар. 13: 20-21)

В сказке этот сюжет подвергается инверсии – Елисей ударяется о гроб и девица оживает. Кроме того, в библейском сюжете оба мертвы, и потом один из них оживает. У Пушкина – один жив, а другая мертва, и потом она оживает. Но если пророк Елисей способен оживлять и после смерти, то это означает, что по сути он – жив. Стало быть, и в библейской истории только один умерший. Он-то и возвращается к жизни после падения на гроб Елисеев.

Сакраментальная природа королевича в сказке упрятана глубоко в подтекст, проявляя себя только на уровне пространственных отношений, которые при более тщательном рассмотрении обнаруживают нечто необычное. Это относится и к положению царевны после воскрешения: ожив, она качается над цепями.

> Ожила. Глядит вокруг
> Изумленными глазами,
> И, качаясь над цепями,
> Привздохнув, произнесла:
> «Как же долго я спала!»

Положение гроба над цепями не упоминается до сего момента: сказано, что братья привинчивают гроб цепями к столбам, и он раскачивается, как гамак («гроб качается хрустальный»). На всех иллюстрациях к сказке гроб подвешен к столбам. Если же предположить, что он частично привязан цепями снизу и частично сверху, то тогда он не сможет раскачиваться.

В качании воскресшей царевны над цепями есть что-то сверхъестественное, мистическое, похожее на левитацию, что усиливает дивность её воскрешения и наводит на мысль о чудодейственной атмосфере, царящей в пещере. И действительно, что может раскачивать гроб в подземелье, где нет ветра? Это ведь не вечный двигатель, запущенный однажды братьями! И тем не менее, гроб раскачивается «в норе» постоянно, безостановочно, в чём убеждается и королевич, придя навестить царевну.

О раскачивающемся гробе знает ветер. Это наводит на мысль о связи ветра и качания. Но какого ветра? Ясно, что «могучий ветер», к которому взывает царевич, не источник качания: после разговора с королевичем, «ветер дале побежал», а не повёл его к месту захоронения. Стало быть, имеет смысл говорить о присутствии другого ветра – «тихого», о котором и было сказано пророку Илие в пещере на горе Хорива:

> и сказал ему Господь: <…> после огня веяние тихого ветра, [и там Господь]. (3Цар. 19: 12)

Интересно, что разговор этот произошёл накануне встречи с Елисеем, и связан он с тем, что Илия взывает о помощи, так как «сыны Израилевы оставили завет» Божий, «разрушили жертвенники» и пророков «убили мечом». (3Цар. 19: 14)

Мотив веры, убийства и престола, на котором восседает злодейка царица, присутствует и в сказке. По-видимому, и «веяние тихого ветра» отображено в сказочной пещере в непрерывном качании гроба. Предполагаемое присутствие Духа наполняет атмосферу пещеры чудодейственными свойствами, способствуя проявлению новых качеств и в Елисее, который, как и его библейский тёзка, пасший до встречи с Илией овец, не обладал до поры чудодейственными свойствами.

В библейскую парадигму укладываются и семь богатырей. Вслед за велением Господа помазать Елисея упоминаются семь тысяч верных мужей:

Впрочем, Я оставил между Израильтянами семь тысяч [мужей]; всех сих колени не преклонялись пред Ваалом, и всех сих уста не лобызали его. (3Цар. 19:18)

В сказке Пушкин сохраняет число семь для богатырей (в фольклорной сказке, им записанной, их двенадцать). Но на ветхозаветной парадигме символика не замыкается – богатыри ведь выведены в сказке как православные, о чём свидетельствует описание интерьера терема:

Под святыми стол дубовый,
Печь с лежанкой изразцовой.
Видит девица, что тут
Люди добрые живут <...>

«Люди добрые» ассоциируются с христианским, а точнее – православным укладом. При этом богатыри активно противостоят иноверцам, каковыми являются сорочины, татары и черкесы, которых они выживают из леса, не позволяя им под покровом ночи нарушать границы своей вотчины. В этом они сходны с верными Богу ветхозаветными мужьями. В «Белоснежке» число гномов тоже равняется семи, но там их функция другая – они не стоят в дозоре и не охраняют свою землю от иноплеменников, а добывают руду. Поэтому символика семи в «Белоснежке» не сакраментальная, а календарная, на что указывали исследователи этой сказки.

У Пушкина символика строится по типу концентрических кругов – стоит только верно бросить «камешек», и круги значений от него начинают расходиться один за другим, расширяя поле возможных смыслов в очерченном направлении. Богатыри активно охраняют свои границы, и тем удивительнее, что главное – царевну – они не в состоянии уберечь. Почему так? Чего им для этого не хватает? Попытаемся разобраться в том, что и как делают богатыри с точки зрения тех ценностей, которые заданы в сказке.

Богатыри действуют, как правило, в ночное время, обходя лес «предрассветною порою», и царевну тоже хоронят в полночь. Но при этом они не духи тьмы, не злые силы и не фольклорные разбойники.

Эпитет «предрассветный», связанный с описанием времени их дозора, наталкивает на мысль о том, что они находятся в преддверье рассвета, а «на свет из тьмы» царевну выносит королевич Елисей.

На протяжении сказки богатыри проходят эволюцию, и проявляется она в изменении их функции. Вспомним, как характеризует Пушкин их деятельность:

> Братья в ту пору домой
> Возвращалися толпой
> С молодецкого разбоя.

То есть, с одной стороны, у них в доме образа, а, с другой они разбойничают. Можно, конечно, сказать, что Пушкин просто следовал фольклорной схеме, но это будет сильным упрощением, принимая во внимание все те изменения, которые он вводит наряду с заимствованиями. Объяснить всё исключительно фольклором означало бы отказать Пушкину в концепции. А концепция играет ключевую роль в выборе деталей, которые он вводит в текст. Пушкин намеренно меняет фольклорную парадигму, называя при этом своих героев «богатырями». Как доказательство – его же более ранняя поэма «Жених» (1825), где подчёркнуто нехристианское поведение разбойников:

> Взошли толпой, не поклонясь,
> Икон не замечая;
> За стол садятся, не молясь
> И шапок не снимая.

В «Сказке о мёртвой царевне...» богатыри не только не грабят девушку, признав в ней царскую дочь (если она помолвлена с королевичем, то у неё наверняка есть кольцо на руке), но и «пред мёртвою царевной» склоняются «с молитвою святой». Кроме того, «разгульное похмелье» в «Женихе» («Крик, хохот, песни, шум и звон, // Разгульное похмелье») сменяется в «Сказке...» уважительным отношением братьев к девице.

Концепция влияет и на композиционные решения в «Сказке...». Так, термин «разбой» появляется прямо перед тем, как богатыри находят царевну мёртвой. Это отнюдь не случайно: здесь как бы сошлись два «разбойничьих» акта – богатырей и царицы-убийцы. И неважно, что одни охраняют, а другая нападает. Суть в том, что цель не оправдывает средства. Именно поэтому богатыри не упасают царевны. Для того, чтобы уберечь её, они должны проникнуться христианской моралью и зрить в корень, а они этого пока что не могут. Поэтому их действия в чём-то аналогичны действиям царицы.

Так, и богатыри, и царица угощают царевну. Богатыри предлагают ей зелёное вино, а царица – наливное яблочко. Оба типа угощения являются метафорой соблазна. Зелёное вино ассоциируется с «зелёным змием», и царевна не просто отказывается от этого угощения, а отрекается от него (От зелёного вина / Отрекалася она). Пушкин ведь мог бы написать: «От зеленого вина / Отказалася она», но он выбирает более сильный глагол «отрекаться», показывая, что речь идёт о принципиальных вещах, которыми царевна не поступается. Отречение, в отличие от отказа, – это раз и навсегда. Нет, богатыри отнюдь не искушают царевну намеренно, они просто не зрят в корень.

С яблочком же дело обстоит иначе. Вся сцена с ним описана, как сцена соблазна.

> Под окно за пряжу села
> Ждать хозяев, а глядела
> Всё на яблоко. Оно
> Соку спелого полно,
> Так свежо и так душисто,
> Так румяно-золотисто,
> Будто медом налилось!
> Видны семечки насквозь...
> Подождать она хотела
> До обеда; не стерпела <...>

Здесь царевна поддаётся соблазну по незнанию. Иначе она бы, несомненно, отреклась и от яблочка. Стало быть, и она пока что до конца не зрит в корень, хоть и видит больше богатырей. Трансформация богатырей происходит после смерти царевны. Они проходят путь от разбоя до сооружения какой-то совершенно фантастической гробницы. Р.Г. Назиров отмечает, что «во всех вариантах — хрустальный гроб, чаще всего подвешенный на деревьях», и только Пушкин отступает от этой схемы. Если сравнить с «Белоснежкой», то та покоится на вершине горы. Место захоронения пушкинской царевны – прямо противоположное. И не случайно. В свете библейских параллелей, в пещере под горой обитал пророк Елисей. Именно туда был принесен мёртвый ребёнок.

Ну а каков же смысл строения, сооружённого в горе? Пушкин описывает его кратко, но довольно детально.

> Гроб ее к шести столбам
> На цепях чугунных там
> Осторожно привинтили,
> И решеткой оградили <...>

Ничего подобного ни в одной из сказок этой серии нет. Конструкция, описанная Пушкиным, уникальна. Сразу же бросается в глаза её некая избыточность: ну к чему прикреплять гроб к шести, а не, скажем, двум столбам? Очевидно, что за этим кроется некий сакраментальный смысл. Поскольку главной частью этого здания является царевна, то, прежде всего, нужно ответить на вопрос, что может олицетворять собой этот персонаж.

Две героини – царица и царевна – противопоставлены по принципу добродетели и греха. Царица – олицетворение гордыни, «любоначалия» и зависти, и в этом она вроде бы мало чем отличается от своего прототипа из «Белоснежки…». Но схожесть этих персонажей – поверхностная. Понять существенную разницу между ними можно лишь, проанализировав вселенную обеих сказок. Мир «Белоснежки…» - варварский, и варварство проявляется как на уровне злой королевы, так и доброго окружения Белоснежки. Вспомним, что когда королева велит егерю свести Белоснежку в лес, она требует не только убить падчерицу, но и принести в качестве доказательств печень и лёгкие девочки. На этой гадкой подробности варварский мотив не исчерпывается. Далее королева велит сварить печень и лёгкие и съедает их, не зная, что они принадлежат оленю.

Казалось бы, варварству королевы должен быть противопоставлен цивильный мир Белоснежки. Но нет, ничего подобного в сказке братьев Гримм мы не находим. Расправа над королевой в конце заставляет содрогнуться цивилизованного читателя. Когда королева приходит на свадьбу Белоснежки, её уже поджидают раскалённые на углях «железные туфли; их принесли, держа щипцами, и поставили перед нею. И она должна была ступить ногами в раскалённые докрасна туфли и плясать в них до тех пор, пока, наконец, не упала замертво наземь». Жуть этой расправы, не забудем, происходит на глазах у Белоснежки и её возлюбленного во время свадебного пира. И Белоснежка не останавливает зачинщиков, очевидно, разделяя с ними праздник созерцания корчащейся в муках злодейки мачехи. В этом проступает уродство Белоснежки – персонажа натурального, полудикарского мира, в котором отсутствуют представления о библейской морали.

У Пушкина действие погружено в атмосферу христианской этики. Например, царевна рождается в сочельник, т.е. в канун Рождества Христова. Уже в этом состоит скрытая игра пушкинских смыслов: царевна, представленная как «мёртвая» в заглавии, поставлена изначально в контекст Рождества, что сулит надежду на её воскресение. Мать её умирает «к обедне» (главное христианское богослужение), что ещё раз напоминает о неязыческом характере пушкинского сказочного мира. Оказавшись в тереме у богатырей, царевна «Засветила богу свечку». Умирая, «она под образа // Головой на лавку пала», а братья «с молитвою святой» подняли её с лавки. Из всех персонажей Елисей предстаёт наиболее набожным. Пушкин подчёркивает, что он молится

Богу «усердно» («Королевич Елисей, // Помолясь усердно богу...»).

Не произносит молитв и не зажигает свечей только царица, которая всего лишь раз упоминает Бога, бросив отравленное яблочко царевне («Бог тебя благослови; // Вот за то тебе, лови!»). В данном контексте это равносильно богохульству. Царица – воплощение смертных грехов, куда относится и гордыня, и зависть, и убийство. Царевна, напротив, выписана в полном соответствии с традиционным женским обликом в православии. Говоря словами из молитвы Сирина в переложении Пушкина (переложение будет сделано им двумя годами позже, в 1836-м), она – воплощённый «дух смирения, терпения, любви // И целомудрия». Она «расцветает» «тихомолком», то есть лишена «празднословия». «Дух праздности унылой» ей чужд («Всё в лесу, не скучно ей // У семи богатырей») в отличие от царицы, которая «без дела» сидит перед зеркальцем:

Дома в ту пору без дела
Злая мачеха сидела
Перед зеркальцем своим <...>

Пушкин делает акцент на «без дела», ставя это в ударную позицию в конце строки и, тем самым, напоминая о грехе «праздности унылой».

Ещё одно положение этой молитвы – «И не осуждати брата моего» («Да брат мой от меня не примет осужденья») – косвенно поясняет поведение царевны в тереме. Ну не странно ли, что оказавшись в тереме, знакомясь с братьями, она ни словом не обмолвливается о случившемся и лишь просит прощения за вторжение!

И царевна к ним сошла,
Честь хозяям отдала,
В пояс низко поклонилась;
Закрасневшись, извинилась,
Что-де в гости к ним зашла,
Хоть звана и не была.
 Сравним это с аналогичной сценой в «Белоснежке...»:

"Как ты попала в наш дом?" - спросили ее гномики.
Тогда она им рассказала, что мачеха приказала было ее убить, а псарь ее пощадил - и вот она бежала целый день, пока не наткнулась на их хижинку.

Белоснежка честно рассказывает то, что произошло, ибо общество, из которого она вышла, это общество «естественного человека». Напротив, поведение пушкинской царевны проникнуто христианской этикой и этикетом. Она низко кланяется братьям, краснеет, просит прощения за вторжение и не злословит своей мачехи, не осуждает её ни до, ни после, поскольку царица хоть и неродная, но мать. У царевны есть моральные ограничения, которые она не хочет преступать даже в случае угрозы её жизни. Она могла бы рассказать всю историю богатырям и вместе с ними вернуться домой, разоблачить царицу, выйти замуж за Елисея и зажить припеваючи. Это было бы куда естественнее, нежели умалчивать о происшедшем и оставаться в доме богатырей. Но в том-то всё и дело, что решения пушкинских героев обусловлены не естественными порывами, а христианской этикой, и странными они могут показаться только светскому читателю. С позиций верующего, возвращение в дом отца с богатырями, склонными к разбою, могло бы послужить поводом к расправе и кровопролитию. Поэтому царевна предпочла положиться на Бога и ждать своего суженого.

Вера в то, что Елисей отыщет её, сильна в ней, как сильна вера в торжество справедливости. Отсюда – разные модели поведения в лесу у Белоснежки и царевны. Оказавшись в лесу, Белоснежка охвачена страхом. Природный мир, живущий по естественным законам, не знает вмешательства Всевышнего. В нём царствуют стихии и случай. Царевна также испытывает страх, но наряду с этим у неё есть вера в положительный исход дела и высшую справедливость. Говоря Чернавке: «А как буду я царица, // Я пожалую тебя», – она, тем самым даёт понять, что верит в победу добра над злом. Ведь Пушкин мог бы и по-другому построить фразу, не поломав размера: «если буду я царица». Ему же нужно использовать в этом обороте не зыбкое «если», а утвердительное «когда» («как»).

Царевна несёт в сердце своём не только веру, но и надежду, и любовь. «Но другому я навечно // Отдана. Мне всех милей // Королевич Елисей», – говорит она.

Говоря об эволюции Пушкинских взглядов, В. Непомнящий определяет её как «переход в "обратном" направлении — против течения нарастающей секуляризации культурного сознания, к праматеринской почве ценностей, пренебрегаемых петровской цивилизацией». По крайней мере, в контексте сказки мотив просвещения явно присутствует. Здесь «просветительскую» функцию берёт на себя зеркальце, осведомляющее царицу о происходящем. «Просвещение», идущее от зеркальца, направлено не во благо, оно несёт в себе губительность в лице человека, которого обуяла гордыня и желание властвовать. Кроме зеркальца, о местонахождении царевны осведомлён ещё и ветер. Оба связаны со сверхъестественным – зеркальце относится к сфере волшебного, а ветер – к сфере божественного. Обращение к первому чревато негативными последствиями, а ко второму – несёт положительный исход. Здесь проступает в подтексте запрет на оккультизм в библии.

В «Белоснежке...» злая королевна трижды пытается умертвить

падчерицу. В последний раз – при помощи наливного яблочка. Пушкин оставляет только одну попытку для своей героини, что и в сюжетном, и в символическом плане гораздо стройнее. Из всех предметов, имеющихся в арсенале сказок с аналогичным сюжетом, он выбирает яблоко. Яблоко, как и зеркало, – это символ просвещения (познания). Отравленное яблоко – это, в терминах Паламы, то «внешнее знание», которое убивает духовность. Смерть царевны ассоциируется с отравленным целомудрием. Возвратить её дух к жизни может только пророк, а для этого Елисей должен обрести качества своего библейского тёзки.

Сближение Елисея с пушкинским «Пророком», оказавшимся в «пустыне мрачной», идёт по пространственному признаку. Мглистость места захоронения царевны перекликается с мрачностью пустыни в «Пророке», и параллель усиливается метафорой «пустой страны»:

Вот идет; и поднялась
Перед ним гора крутая;
Вкруг нее страна пустая;
Под горою темный вход.
Он туда скорей идет.
Перед ним, во мгле печальной,
Гроб качается хрустальный,
И в хрустальном гробе том
Спит царевна вечным сном.

Елисей нейтрализует яд, содержащийся в яблоке, и возвращает красу земли («Вдруг погасла, жертвой злобе, // На земле твоя краса»). В стихотворении «К Чаадаеву» обыгрывается сходный мотив пробуждения возлюбленной. За исключением различного идеологического контекста этих сюжетов (и здесь вновь стоит вспомнить концепцию Непомнящего об эволюции Пушкина) все остальные метафоры предельно сближены. В сказке скованная хрустальным льдом небытия царевна обретает «святую вольность» благодаря Елисею. В стихотворении эта пробуждающаяся царевна – Россия.

Сближение образа России с образом царевны в сказке раскрывается в русле темы воскрешения. Прежде всего, если предположить, что в конце царевна получает трон, то это означает, что она становится помазанницей Божией. Воскресение и есть её помазание. Здесь следует вспомнить, что царевна была помещена в шестистолпное сооружение внутри горы. Эта «архитектура» вполне ассоциируется с шестистолпным храмом, внутри которого – усыпальница. «Начало строительству шестистолпных храмов было положено в конце XV-начале XVI в. возведением Успенского и Архангельского соборов в Московском Кремле». Храм Успенского собора стал символом единства Руси и послужил образцом другим шестистолпным храмам. Особенность

Успенского собора в том, что, являясь центральным в контексте России, он одновременно и вместилище ветхо- и новозаветных сюжетов, переплетение которых нашло своё отражение и в сказке. В 1329 г. к собору был пристроен храм во имя Спасения Вериг св. Апостола Петра, обрушившийся после пожара в 1470 г. Вериги вполне могли быть прообразом цепей в сказочной конструкции Пушкина. Упоминание решётки, которой ограждён хрустальный гроб, воскрешает в памяти вид раки патриарха Гермогена, обнесённой шатром редкого литья. Шатёр замечателен ещё и тем, что в 1625 г. там была помещена Риза Господня, привезенная из Ирана. Нет, речь не о том, что Пушкин имел в виду именно эту усыпальницу, и этот храм, но то, что его конструкция описывает поле возможных интерпретаций. В этом же поле белизна лица пушкинской царевны («белолица») обретает ещё один – не природный, а сакраментальный смысл, ассоциируясь с белизной Успенского собора, построенного, как известно, на белом камне. Кстати сказать, «девичьи» черты собора воспеты Мандельштамом в стихотворении «В разноголосице девического хора» (1916). Так что ассоциация с молодой женщиной вполне возможна и в приложении к пушкинской сказке.

> В разноголосице девического хора
> Все церкви нежные поют на голос свой,
> И в дугах каменных Успенского собора
> Мне брови чудятся, высокие, дугой.

Итак, царевна воскресает в новой ипостаси, несущей в себе знание о сакральном космосе шестистолпного храма. Ну, а куда же делись семеро богатырей? Почему о них нет никакого упоминания в конце, будто они улетучились?

Согласимся, есть что-то таинственное в их внезапном исчезновении. Не мог ведь Пушкин просто забыть о них? Подготавливает их исчезновение всё та же реплика ветра об отсутствии следов «Вкруг того пустого места». Куда могли подеваться следы семи человек (притом богатырей, а не каких-нибудь гномов!), соорудивших раку? Только духи не оставляют никаких следов!

Загадочное исчезновение персонажей из поля зрения не ограничивается богатырями. Почему ни солнце, ни луна не могут ответить на вопрос королевича о местонахождении царевны? Царевна блуждала в лесу до зари, а на заре увидала терем. Стало быть, уже тогда и месяц, и солнце должны были бы её увидеть. Можно ли ограничиться объяснением, что здесь, дескать, Пушкин следует фольклорной парадигме тройного опроса (например, «солнцева сестрица» «трижды выспрашивает» Ивана)? Пожалуй, нет. Похоже, пушкинские светила просто не видят царевны, и объяснение тому может быть следующим: солнце и месяц олицетворяют природу, которой дано земное зрение, но не сакральное, а царевна попадает, судя по всему, в сакральное пространство, открытое чародеям и Богу. Поэтому светила видят меньше, чем волшебное зеркальце, а волшебное зеркальце – меньше, чем ветер, знающий о месте захоронения царевны. Увидеть и царевну, и богатырей можно только сакраментальным взором. И каждый из персонажей проходит эволюцию, открывающую перед ним мир сакраментальный.

Руководствуясь христианской моралью, Пушкин создаёт систему отношений, при которой зло превращается в самопоядающую гидру (царица умирает от злости) и отмирает без насилия со стороны добра. Он подготавливает шаг за шагом преобразование поборников добра, превращая их из православных богатырей-разбойников в строителей храма. Возведение шестистолпного храма и есть их внутреннее преображение, без которого храм не выстроишь. В свою очередь, строение создаёт ту атмосферу в пещере, которая будет способствовать преображению Елисея, обретающего там пророческий дар. А это уже повлечёт за собой и преображение царевны: воскреснув, она предстаёт в новом качестве. Отныне ей открыто знание о яде в наливном яблочке. Это должно дать ей мудрости как будущей правительнице. Вот такая преобразовательная цепная реакция. В дальнейшем богатыри будут окружать царевну, только, по-видимому, уже в ипостаси семи городов (семи Вселенских соборов, изображённых и "в нижнем ярусе стен" Успенского собора), обещанных ей в приданое отцом.

Сокращённый вариант статьи «Сказка о мёртвой царевне: эволюция пушкинского пророка». // Вопросы литературы, 2014, № 4. С. 273- 298.

Елена ДУБРОВИНА. «Показавшему мне свет...»
Леонид Денисович Ржевский (1905-1986)

Невысокого роста, приветливое лицо, голос приглушенно-хриплый (из-за перенесённой когда-то горловой чахотки – результат немецкого плена), и взгляд из-под больших очков, излучающий свет, тепло и доброту, во всем облике – мягкость, приветливость – таким запомнился мне Леонид Денисович Ржевский, писатель, литературовед Второй волны эмиграции, русский интеллигент, волею судьбы попавший на Запад. О том, что когда-нибудь судьба предоставит мне возможность познакомиться с этим замечательным человеком, я не могла и мечтать. Бывают такие неожиданные встречи, которые не забываются. Они оставляют в твоей жизни особый свет, освещающий твой путь еще на долгие годы, и ты с благодарностью вспоминаешь их, как подарок судьбы. Таким и было мое знакомство с Леонидом Денисовичем.

История моя началась в 1981 году, когда я переехала с семьей из Питтсбурга в Филадельфию и очень скоро устроилась на работу в Пенсильванский университет. На территории университета была библиотека, обладавшая обширной коллекцией русской эмигрантской литературы. Там, в этом красивом здании библиотеки я нашла свой островок радости, где можно было уединиться с любимой книгой, открывать и находить новое, бесценное, ранее недоступное для тебя творчество русских эмигрантских писателей и поэтов. Так, я впервые прочитала Набокова, Алданова, Зайцева, Н. Нарокова, А. Седых, Л. Ржевского и многих других, включая ряд теперь любимых мною поэтов.

Тогда же мне попался на глаза роман Леонида Ржевского «Между двух звёзд», изданного в 1953 году издательством им. Чехова в Нью-Йорке, автобиографическая повесть, воспоминания о военном времени, о пройденном пути от Москвы до Берлина, история любви главного героя романа капитана Заряжского и медсестры Милицы. Как я потом узнала, это была необыкновенная и удивительная история любви Леонида Денисовича Ржевского и его жены, поэтессы Агнии Сергеевны Шишковой-Ржевской, пересекшей несколько стран в поисках любимого человека, пока она не нашла его, тяжело больного в одном из немецких госпиталей. Силой своей любви она помогла ему вернуться к жизни. Эту историю он положил в основу другого романа «Показавшему мне свет», действие которого относится к послевоенному времени. Герой романа – человек победивший смерть и увидевший мир другими глазами. Врачи давали ему две-три недели жизни. Сам Леонид Денисович вспоминал: «Что я выкарабкался, не умер – окружающие считали чудом. Сам я считал также чудом, что меня в этой больнице разыскала моя жена, оставшаяся у фронта (моя вторая жена, Аглая Шишкова, – первый мой брак распался еще до начала войны), которая всё это время не отходила от моей постели».

Книгу Ржевского «Между двух звезд» я приобрела у кого-то из старых эмигрантов и прочитала запоем. Читала тогда всё подряд, каждую свободную минуту, в перерывах, в транспорте, дома за обедом, благо можно было брать книги из библиотеки. Там же в университете я познакомилась и с поэтессой второй волны эмиграции, Валентиной Алексеевной Синкевич, дружба с которой продолжалась до ее смерти в 2018 году. С ней я часто обсуждала прочитанное. Она стала моим путеводителем в море незнакомой мне доселе эмигрантской литературы. Как-то раз, листая старые журналы, я наткнулась на стихи Юрия Владимировича Мандельштама, судьба и творчество которого так глубоко запали мне в душу, что поиск его архивных материалов привел меня к его внучке, Мари Стравинской, и изданию собрания его сочинений.

От Валентины Алексеевны я узнала тогда о ее дружбе с Леонидом Денисовичем Ржевским. Она же и поведала мне о трагической судьбе писателя. Вот, что я узнала о нем: родился Леонид Денисович под Ржевом, в имении деда по материнской линии и происходил из аристократического испано-французского рода Роберти де ла Церда. По линии отца он был из семьи военных. (Его отца назвали Денисом в честь Дениса Давыдова.) Л. Ржевский получил образование в России. После окончания Московского педагогического института он отслужил в армии и был демобилизован в чине лейтенанта запаса. Преподавал в Москве, Туле, Орехово-Зуеве, работая одновременно над диссертацией о "Горе от ума", которую защитил 28 июня 1941 года, а через несколько дней он уехал на фронт… Вот что позже вспоминал сам писатель: «По ночам я писал диссертацию о языке комедии "Горе от ума". Защита с официальными оппонентами и большим стечением знакомых, собравшихся меня проводить, состоялась 28 июня 1941 года. Мне присвоили ученое звание "кандидата филологических наук", а 1 июля, в качестве лейтенанта запаса, я уехал на фронт». Благодаря знаниям немецкого языка он был назначен переводчиком, а вскоре стал помощником начальника разведки дивизии.

Потом был немецкий плен, тяжелая болезнь. Из воспоминаний Ржевского: «Работал иной раз сутками – мы были окружены. В суматохе отхода я получил раз приказ (было это в середине сентября) вывести из окружения к переправе через Десну автоколонну, к которой потом примкнула артиллерия. Ночью наткнулись мы на немецких минометчиков. В поисках выхода, переправляя колонну обходом, через ручей, я угодил под шальную мину. Пришел в себя – уже в немецком плену». Леонид Денисович описывает ту страшную зиму – лютый мороз, голод, тиф, когда «лагеря военнопленных превращались в сплошные братские могилы». Его спасло знание немецкого. Однако из лагеря Л. Ржевский вышел уже полуинвалидом – туберкулез, горловая чахотка. В больнице под Мюнхеном он пролежал более двух лет. Там же и разыскала его жена, Аглая Шишкова.

В Россию Леонид Денисович уже не вернулся. «Он жил в четырех, в основном взаимоисключающих друг друга, мирах: старая Россия, в которой прошло детство будущего известного зарубежного прозаика Ржевского, Советский Союз – его годы учебы и начало педагогической деятельности, военное время – для него это фронт, лагерь, госпиталь, и, наконец, современный Запад – Европа и Америка. На основании долголетнего знакомства с писателем могу утверждать, что, несмотря на трагизм пережитого, он до конца сохранил доброжелательный, жизнерадостный и общительный характер», — писала о нем В. Синкевич.

Ее восторженные рассказы о Леониде Денисовиче вызвали у меня желание познакомиться с этим замечательным человеком и писателем. Но случилось так, что он сам попросил Валентину Алексеевну нас познакомить. А было это так.

Как-то летом 1982 г. Валя (мы всегда обращаемся друг к другу по имени, но на Вы) сообщила мне радостную новость – Леонид Денисович будет выступать в Филадельфии, вместе с приехавшей из Франции писательницей Натальей Давыдовой, потомком декабриста и поэта Василия Львовича Давыдова. Народу в зале было человек 50, не больше (русская община в Филадельфии в то время была ещё не велика). Первой выступала Наталья Давыдова, прелестная француженка, с энтузиазмом рассказавшая о своем знаменитом предке (позже оказалось, что она не была прямым потомком Давыдова, Давыдовым был ее отчим). Потом говорил Леонид Денисович, зачаровывая слушателя своим тихим голосом, спокойной манерой говорить и глубиной сказанного. Рядом с ним сидела жена, Агния Сергеевна (поэтесса Аглая Шишкова) – высокая, прямая, гордая осанка, лицо доброе и строгое, видно, что в молодости была красавицей. И хотя Агния Сергеевна на 20 лет была моложе мужа, выглядели они почти как одногодки. Потом я узнала, что в красавицу Аглаю Шишкову был когда-то влюблен Иван Бунин, с которым Леонид Денисович не раз встречался в Париже и вел с ним переписку. Он, вспоминая о своей первой поездке в Париж в 1952 году, куда его пригласили читать лекции, рассказывал о том, что они с женой побывали тогда у Бунина, Б. К. Зайцева, А. Ремизова, Тэффи, Маклакова, познакомились с М. Алдановым, Сургучевым...

По окончании вечера нас всех пригласили устроители встречи к себе в гости отметить приезд Ржевских. В маленькой квартирке набилось много народа. Я с Валей не успела войти, как к ней поспешно подошел Леонид Денисович: «Валюша, познакомьте меня с этой студенточкой», – попросил он, указывая на меня. Так мы и познакомились, проговорив в уголке гостиной целый вечер. Вокруг суетились люди, громко разговаривали, изредка обращаясь к виновнику торжества. Но я не различала лиц, не слышала заданных Леониду Денисовичу вопросов.

Я была полностью поглощена разговором с большим писателем. Было в его тихом голосе, светлых глазах, излучающих свет, столько тепла и заинтересованности. Он задал мне тысячу вопросов о России, о его любимом Питере. Видно было, как глубоко скучал он по оставленной родине и как тяжело переживал разлуку с нею. Слушал он внимательно, не прерывая, а потом снова расспрашивал о житье моем в России, рассказал немного и о себе. Жизнь бросала его из одной страны в другую. После выписки из больницы, до 1950 года он жил с женой в Германии, в небольшой деревушке, «вполне первобытной». Потом был переезд во Франкфурт, первые публикации в «Гранях», работа в университете, пока в 1963 году он не переехал в Америку, где в момент нашего знакомства он занимал пост профессора славистики в Нью-Йоркском университете. Я слушала внимательно его рассказ о жизни вне России, рассказ полный горечи, тоски и надежды. Расстались друзьями. После этой встречи я получила в подарок от Леонида Денисовича повесть «Дина» с такой надписью: «Милой Лене Дубровиной, так чудесно говорящей по-русски, с удовольствием посылает автор эту книгу. Дек. 1983».

Тогда же у меня завязалась с Леонидом Денисовичем теплая переписка. Он, известный в эмиграции писатель, человек беспредельно занятый, внимательно следил за моим творчеством, делал важные замечания, иногда хвалил, иногда критиковал, а чаще – советовал: «…избегайте слов и удобных, самонабегающих словосочетаний, которые давно уже стали расхожи в поэтическом словаре пишущих стихи, ищите свои слова для самовыражения, непременно свои!» Тот свет добра, который он излучал, те дружеские его поощрения, те короткие письма с его деликатными советами, были тогда для меня, неуверенного в себе, начинающего поэта, так нужны для выбора того пути, той дороги в жизни, на перекрестке которой я тогда стояла.

Из хорошо запомнившихся была еще одна встреча, на этот раз в Нью-Йорке, в Серафимовском фонде. На вечер поэзии приехали Андрей Седых, писатель, гл. редактор популярной тогда газеты «Новое Русское Слово», поэты – Иван Елагин, Ольга Анстей, художники Михаил Вербов, Владимир Шаталов, Сергей Голлербах, писатель Леонид Ржевский и другие. Л. Ржевский и А. Седых сидели в президиуме, на сцене. Вместительный и светлый зал был переполнен эмигрантами двух первых волн, к этому времени уже в преклонном возрасте. Хорошо помню выступление Ивана Елагина – читал он свои стихи несколько гнусавя, с пафосом, высоко подняв голову, периодически останавливаясь, так как чтение его часто прерывала Ольга Анстей, бывшая жена поэта, которой было, по-видимому, плохо слышно его чтение (она уже тогда была тяжело больна). Рядом с Валей сидел художник М. Вербов, маленький сухонький старичок с тяжелой тростью в руке, которая постоянно падала и заставляла сидящих перед ним зрителей вздрагивать от стука при её падении. Однако выступление Вали он слушал очень внимательно, и когда она, закончив чтение своих стихов, села на место, Вербов, очарованный ее чтением, повернулся к ней и восторженно спросил: «Валентина Алексеевна, а не скажите ли мне, кто эта девушка, которая сейчас выступала?».

По окончании вечера Леонид Денисович пригласил нас, филадельфийцев, поехать в студию Эрнеста Неизвестного, а потом к нему на обед. О встрече с Эрнестом Неизвестным мне напоминают две чеканки, хранящиеся у меня дома со дня нашего знакомства.

Жили Ржевские в Манхаттане, в многоэтажном красивом доме. Гостеприимная хозяйка дома, милая Агния Сергеевна, быстро, ловко и красиво накрыла на стол в просторной со вкусом обставленной комнате, которая служила и гостиной, и столовой. Вторая комната была спальней и кабинетом. Помнится, что книг было не очень много, но каждая была с любовью отобрана самим хозяином. Как радовался Леонид Денисович моему подарку – изданной в России и прекрасно иллюстрированной книге «Слово о полку Игореве». За столом разговор шёл о современной эмигрантской литературе и о близком друге Леонид Денисовича, поэте Иване Елагине, стихи которого Ржевский очень любил.

После нашей встречи я получила в подарок еще несколько его книг, которые стоят в моем книжном шкафу на самом почетном месте: «Дина», «Звездопад. Московские повести», «Две строчки времени», «Показавшему мне свет» и «Между двух звезд», «Бунт подсолнечника», «За околицей. Рассказы ранних лет». В книгу «За околицей» Леонид Денисович включил предисловие «О себе самом», в котором он писал о своих серьезных увлечениях театром, актерской и режиссерской работой, художественным чтением и особенно интересом «к языку как предмету науки». Леонид Денисович напечатал в эмиграции ряд литературоведческих работ, таких как «Язык и тоталитаризм», «Прочтение творческого слова», «Три темы по Достоевскому» и другие.

Надо добавить, что он обладал замечательным чувством юмора, Так в том же предисловии Ржевский вспоминает о таком «курьёзе»: после одной из своих лекций о Пушкине на подмосковном заводе, и чтении стихов поэта, конферансье объявил: «А сейчас будет представлен вальс из оперы Александра Сергеевича Пушкина "Евгений Онегин"». А дальше Леонид Денисович пишет: «На сцену вышло с десяток девиц в ночных рубашках, подпоясанных шарфами, и парней в пиджаках с подшитыми фалдами – имитация фраков. Гармонист заиграл... "На сопках Маньчжурии", и пары стали кружиться...»

Как я уже упоминала, книги писателя часто носили биографический характер. Ведь столько было им пережито! Но самой большой трагедией писателя было отсутствие читателя. Особенно, я помню, потрясли меня тогда эти строки из его письма ко мне: «Было очень трогательно получить Ваше письмо. Спасибо! Мы, пишущие в эмиграции с конца последней войны, все чаще /со старением своим/ чувствуем творческое, я бы сказал, одиночество: замалчивают нас на Большой земле, на здешней – читательская убыль. Голос нового читателя, да еще такой доброжелательный и вдумчивый, как Ваш, для нас живителен…» Если бы знал дорогой Леонид Денисович, что имя его теперь вернулось на родину, а книги нашли своего читателя!

Вскоре случилась несчастье – тяжело заболел Иван Елагин – у него нашли рак поджелудочной железы. Он очень страдал от постоянной страшной боли, писать уже не мог. Известие повергло нас всех в уныние, но была еще маленькая надежда спасти или хотя бы продлить ему жизнь. Я работала тогда в медицинском институте, где проводили эксперимент по лечению рака поджелудочной железы с помощью моноклонных антител. Метод был разработан директором института Илларионом Павловичем (как он сам себя величал) Копровским (Hilary Koprowski), поляком, приехавшим в Америку из Бразилии после окончания войны. Илларион Павлович, прекрасно говоривший по-русски (и еще на семи языках), хорошо знал и любил русскую литературу и поэзию. Вот к нему-то и направилась я с просьбой помочь русскому поэту. Профессор в помощи не отказал, тут же организовав лечение Елагина в Филадельфии. Посетил Иван Венедиктович Филадельфию несколько раз, приезжал он каждый раз с дочерью Еленой Матвеевой, то же поэтессой, которая очень трогательно ухаживала за отцом. Останавливались они обычно у художника Владимира Шаталова, заканчивавшего в это время работу над известным портретом Гоголя. Лечение антителами временно сняло боль, опухоль вышла наружу, Иван Венедиктович снова стал писать. Так появилось в альманахе «Встречи» (гл. редактор В. Синкевич) его предсмертное стихотворение, посвященное В. Шаталову «Гоголь» и маленькое четверостишие:

Здесь чудо всё: и люди, и земля,
И звездное шуршание мгновений.
И чудом только смерть назвать нельзя –
Нет в мире ничего обыкновенней.

Теперь я почти каждый день разговаривала с Иваном Венедиктовичем по телефону. Часто разговор заходил о поэзии, рассказал он мне и историю гибели своего отца, поэта Венедикта Марта. Особенно любил Елагин стихи Бродского и Евтушенко, очень ждал от них телефонных звонков, даже просил меня позвонить Бродскому. Просьбу Елагина я Бродскому передала, а позвонил ли он ему – не знаю.

Леонид Денисович Ржевский, близкий и преданный друг Елагина, тяжело переживал его болезнь, и, посовещавшись с друзьями, решил сделать поэту бесценный подарок – издать избранное его стихов. Работы было много, зная, что жить другу осталось недолго, Леонид Денисович торопился. Наконец, книга под названием «Тяжелые звёзды» ушла в печать, а Ржевский… надорвался, не выдержало сердце – плохо ему стало в гостях. Валентина Алексеевна вспоминает, что перед тем, как его забрала скорая помощь, он еще успел извиниться перед хозяйкой за причиненные неудобства.

13 ноября 1986 года не стало Леонид Денисовича Ржевского. Было всё, как полагается, – похороны, слёзы, воспоминания друзей. А за окном – тусклый, унылый день, низко нависшее над городом тяжелое небо. Как сейчас вижу полупустую мрачную комнату, тихо сидящих по углам гостей, разговаривавших полушепотом. А мне казалось, что сейчас выйдет опять из своего кабинета Леонид Денисович, улыбнется, как всегда застенчиво, развеет своим светом царящий в комнате полумрак. Но было тихо, и только слышались приглушенные, осторожные шаги жены. Мне больше всего и запомнилась тогда Агния Сергеевна – одетая во всё чёрное, высокая, стройная, с неподвижным лицом, она несла свое горе глубоко внутри, будто окаменела. А через два месяца после смерти Леонида Денисовича ушел из жизни и его близкий друг Иван Венедиктович Елагин, успев еще полистать подарок Ржевского, только что вышедший из печати сборник стихов «Тяжёлые звёзды».

Евгений ГОЛУБОВСКИЙ. Странички из фб-дневника

20 августа

Я мог бы сказать, что он собирает все про Маяковского и про Илью Эренбурга.

Я мог бы сказать, что он знает все песни про Одессу и поставил мемориальные доски лучшим композиторам-песенникам.

Я мог бы сказать, что вчера говорил о нем со Жванецким, и Миша сказал, что как бывший портовик, он не знает лучшего специалиста в нашем городе

Я мог бы сказать, что он – ближайший друг Олега Губаря. И это характеризует и того, и другого.

Мог бы, мог бы… А вот, что действительно скажу…

Только пыль, пыль, пыль из-под шагающих сапог... Эти хрестоматийные солдатские строки Киплинга я недавно ощутил как совсем другую метафору. Если каждый уезжающий из Одессы уносит ее на своих сапогах, то как не представить себе – только пыль, пыль, пыль от шагающих сапог – и так над всем миром – Германией и Австралией, Штатами и Израилем, Южной Африкой и Канадой – пыль, пыль, пыль Одессы...

Город, уносимый ветром, унесенный ветром...

Марево, мираж, в котором, как в детском калейдоскопе, мелькают Дерибас и Воронцова, Беня Крик и Остап Бендер, рыбачка Соня и безымянный Рабинович...

А ведь было всё это, было!

И смешение ста наречий, и шаланды с кефалью или со скумбрией, и гениальные вундеркинды из школы Петра Соломоновича Столярского, и особый язык, на котором разговаривали и на Ближних Мельницах, и на Большом Фонтане...

Было и прошло? Исчезло? Нет, ушло в глубину, как бы в иной археологический слой. Но стоит вслушаться, вглядеться, дать себе труд поработать душой, как в городе, всё больше напоминающем какую-нибудь Большую Булдынку, оживает Одесса, проступает сквозь камни домов, угадывается в улыбках людей...

Один из тех, кто не ленится работать сердцем, кто не на словах любит Одессу, а действенно, подвижнически, отдавая ей время, энергию, нервы – краевед и коллекционер, ученый и – отличный – литератор Михаил Пойзнер.

Как интересно было бы написать о семье Пойзнеров, укоренившейся в сердцевине Одессы – на Молдаванке. Как важно было бы предоставить слово коллегам Михаила Пойзнера, которые рассказали бы о нем как об ученом-теоретике и практике, заботящемся о морских портах и их причалах. Меня же привлек Михаил Пойзнер – коллекционер, сумевший собранные им коллекции о Леониде и Борисе Пастернаках, о городе времен оккупации, об еврейской Одессе, ее быте сначала осмыслить, а потом претворить в литературу, в тексты, хранящие колорит вечности, воспитывающие и любовь к Одессе, и уважение к одесситу.

У Михаила Пойзнера оказался абсолютный слух (плачь, школа Столярского, что ты потеряла такого ученика) к звучащей Одессе, и он дает нам возможность окунуться в стихию живой речи, оставшейся в генной памяти настоящих одесситов. У Михаила Пойзнера оказалось абсолютное зрение (плачь, институт Филатова), и он подмечает грустное и смешное в обыденном. У него оказалось доброе сердце. Его подслушанные и подсмотренные истории учат рыцарству, столь характерному для старой Одессы, он не стесняется быть в них чуть сентиментальным, чувствительным, если хотите.

Есть старый одесский анекдот. Умирает глава семейства, пришли проститься с ним дети, внуки, правнуки.

– Абраша есть? – спрашивает он.
– Есть!
– Сарра есть?
– Есть!
– Соломон есть?
– Есть.
– И Циля тут?
– Тут!

Но в глазах главы семьи появляется тревога. И тихим голосом, превозмогая смерть, он спрашивает жену: а кто в лавке остался?..

Уже в начале семидесятых – с ширившейся эмиграцией – анекдот завершали фразой: а кто остался у синхрофазотрона?

Я знаю, и потому спокоен, что "в лавке" остался Миша Пойзнер. А значит, не мираж старой Одессы, а ее подлинный облик будет донесен до нас, живущих в XXI веке, более того, его рассказы и рассказики внушают мне надежду, что старая Одесса – это юная Одесса, которая сама по себе есть предисловие к великолепной Одессе, как писал, как завещал нам Александр Михайлович Де Рибас.

Одесса действительно разнесена сегодня на подошвах сапог по всему миру. Но у этого всемирного государства есть столица – Одесса, построенная 225 лет назад, на берегу Черного моря. И она останется столицей Одесского государства до тех пор, пока здесь будет играть на фортепиано Алексей Ботвинов, копать античные слои Андрей Добролюбский, изучать пушкинскую эпоху Олег Губарь, писать и рисовать художник Григорий Палатников, составлять картотеку художественной жизни города Ольга Барковская, Татьяна Щурова, Алена Яворская, редактировать «Дерибасовскую-Ришельевскую» Феликс Кохрихт, смотреть и слушать, а затем записывать подсмотренное и подслушанное Михаил Пойзнер.

В конце концов, все мы работаем только лишь для того, чтобы люди оставались людьми, одесситы оставались одесситами, а Одесса не растворилась в Большой Булдынке.

Михаил Пойзнер не только безупречно слышит, остро видит, нежно сопереживает, но и владеет сложнейшим искусством трагикомедии, когда смешное вызывает слезу, а грустное заставляет верить в счастливые концы. Одним словом, всё это можно было бы назвать профессионализмом.

Но есть еще другое словцо, не менее точное – одессизм.

Когда улыбка не обижает, когда точное словечко приклеивается на всю жизнь, а чужая жизнь вдруг становится не менее знакомой и значимой, чем своя любимая.

Так это всегда делалось в Одессе.

Так тут жилось. И – естественно – так тут писалось, пишется и будет писаться не всеми. Но Михаилом Пойзнером будет.

В этом году выйдет его новая книга. Полный Александр Козачинский. Уже сделал иллюстрации к «Зеленому фургону» Г. Палатников. Уже найдены Пойзнером ранние редакции киносценария и неопубликованные рассказы. Уже написаны статьи А. Яворской и Н. Панасенко. Но главное – Михаил Пойзнер завершил работу над эссе «Мой Козачинский»…

Кто утверждал, что романтики исчезли? Это не так. Поэтому свидетельствую о Мише Пойзнере, настоящем человеке.

28 сентября

Перед еврейским Новым годом, уже 5780, решил вспомнить о художнике, которого открыл для себя недавно, в 2008 году, успел сделать две его выставки, но уже в 2010 году его не стало.

Евреев – художников много. Но еврейским художником, не по темам, а по восприятию мира, для меня был и остается Давид Тихолуз.

«Прозреваю в себе еврея»...

Давно меня занимал вопрос, на который я искал убедительный ответ. Известно, что Одесса дала миру многих прославленных писателей, музыкантов, художников. Город всегда был многонациональным, и в этом смешении этносов более столетия треть его жителей составляли евреи. И в литературе, родившейся в Одессе, «еврейская нота» (образ, возникший как отзвук «парижской ноты») звучала уверенно и мощно, достаточно вспомнить Владимира (Зеева) Жаботинского, Хаима-Нахмана Бялика, Исаака Бабеля, Эдуарда Багрицкого, наконец. Тем более в музыке – Петр Столярский, Давид Ойстрах, Эмиль Гилельс, Натан Мильштейн, Леонид Утесов…

А в живописи?

Конечно же, среди художников Одессы, начиная с 19-го по 21-й век было много евреев. Но и Леонид Пастернак, и Соломон Кишиневский, и Юлий Бершадский в конце XIX века – в начале XX – развивали традиции и русских художников-передвижников и южнорусской художественной школы. Авангардисты, замечательные мастера Теофил Фраерман, Амшей Нюренберг, Михаил Гершенфельд творили «новую утопию», оплодотворенную французским опытом, без оглядки на национальные корни. И только во второй половине XX века, художники, обожженные трагедией Холокоста, словно начали прозревать…

Сразу же в памяти возникают два имени – Ефим Ладыженский и Иосиф Островский. Если первый, достаточно рано покинувший Одессу, уже оглядываясь на нее и свое прошлое в Москве, а потом в Израиле создал свой живописный миф о еврейско-бабелевской Одессе, то Иосиф Островский силой генной памяти вызвал к жизни «тени забытых предков», сотворил чудо возвращения в нашу повседневность цадиков и раввинов, людей Книги из еврейских местечек. Тематически их картины, как и ряд работ Люсьена Дульфана, Зои Ивницкой, Юлия Гальперина, Иосифа Клигмана, были открытием духовной жизни этноса – еврейской составляющей Одессы. Именно тематически! А вот пластически – все та же верность универсальному космополитическому мироощущению всей современной мировой культуры.

И тут, мне показалось, я нашел ответ на вопрос, занимавший меня. Универсальность и космополитичность! Одесситы все 215 лет существования города ощущали себя гражданами мира. Европа приумножилась Одессой даже в составе Российской империи, даже в составе Советского Союза. Идея ассимиляции здесь стала фундаментом здания, имя которому – Одесса… Отсюда и интернациональный художественный язык: импрессионизм как высшее достижение южнорусской школы, плоскостной кубизм, а затем и абстракция – курс наших авангардистов и неоавангардистов…

Так что же, третьего не дано? Исподволь, незаметно в XIX и даже в XX веке торили свою дорожку художники «еврейской ноты». Можно назвать имена Моисея Черешни, Юрия Зильберберга. Но, пожалуй, самым ярким открытием для меня стали картины художника Давида Тихолуза. Именно о нем можно с уверенностью произнести строку честнейшего и талантливейшего поэта военных и послевоенных лет Бориса Слуцкого – «прозреваю в себе еврея».

А впрочем, чтобы лучше понять живопись Давида Тихолуза, следует целиком прочесть это стихотворение.

Созреваю или старею,
Прозреваю в себе еврея.
Я-то думал, что я пробился,
Я-то думал, что я прорвался.
Не пробился я, а разбился,

Не прорвался я, а сорвался.
Я, шагнувший ногою одною
То ли в подданство,
То ли в гражданство,
Возвращаюсь в безродье родное,
Возвращаюсь из точки в пространство.

Вот это ощущение, точно сформулированное в предпоследней строке, объединившей противоречие – «возвращаюсь в безродье родное», и определяет мое восприятие всех работ Давида Тихолуза – будь то пейзажи Одессы, портреты и автопортреты, обнаженные подруги и натюрморты. Всё это открытая, кровоточащая душа. Душа, а не плоть. И во всех этих работах крик обездоленного человека.

У каждого своя биография. Но, пожалуй, никто с такой почти детской непосредственностью не раскрывает, не распахивает, как Давид Тихолуз. На многих своих работах (одна из них и сейчас передо мной, когда я пишу эти строки) на обороте картона, холста, бумаги он пишет: одессит, художник, еврей. И в этой триаде уже многое о нем сказано. А если подробнее…

Давид Наумович Тихолуз родился в Одессе в 1955 году. Поступил в Одесское художественное училище со сложившимися эстетическими предпочтениями. Еще многого не умел, но точно знал, чего хотел. Воспитывал его дядя, художник одесского Худфонда Блуверг, не реализовавший свое творческое предназначение и поэтому всего себя отдавший воспитанию в племяннике художника. Тогда, в семидесятые годы, доказывать право на свое видение мира в Одесском художественном училище было трудно. Художница Светлана Крижевская вспоминает, каким был Давид Тихолуз в училище: «Всегда вроде бы отстраненный от реальной жизни, напряженный, кажущийся нескладным. Но все это исчезало, когда он подходил к холсту. Появлялась уверенность, собранность, улыбка. И результат – яркая, выразительная живопись…

Но были педагоги, которые понимали, что Давид (Додик, как в Одессе было принято называть всех Давидов) – отличный живописец. И именно благодаря таким художникам, как Юрий Коваленко, Владимир Криштопенко, студент Давид Тихолуз получил диплом. Значил ли он что-либо в его жизни? Скорее, нет. Он, как был, так и остался художником андерграунда. И лишь в последние годы новое поколение коллекционеров обратило внимание на его живописные работы.

Озарение и сегодня не покидает Тихолуза у холста. Он погружается в свои мысли, свои переживания, свое понимание красоты и создает экспрессивный, чувственный мир. Мир, полный тревоги. Он пишет «на разрыв аорты». Густой замес его палитры, порою экстатическое движение мазка словно пытается сохранить, спасти в предчувствии катастрофы, от «гибели всерьез», словно уносимые ветром деревья и цветы, милые его сердцу покосившиеся дома тихих будничных улиц, прекрасную и в своей незащищенности человеческую плоть. Остановить своей кистью этот всепожирающий вихрь, смерч, сохранить этот прекрасный и беззащитный мир – нет, кажется, для Давида Тихолуза иной миссии, иного предназначения художника. Уже не пепел Клааса, а пепел Холокоста стучит ему в сердце…

Можно много говорить о национальной ментальности. Но, думаю, еврейский дух точнее всего передал художник-экспрессионист Хаим Сутин. Признание к нему пришло довольно поздно. Его картины отпугивали многих современников. Если Шагал был гениальным визионером, сказочником, с картинами которого было комфортно жить в ностальгической тоске по уходящему миру еврейского местечка, то Сутин был гениальным трагиком, заглянувшим в бездны ада. Перед смертью Амедео Модильяни «завещал» коллекционеру Леопольду Зборовскому беречь Хаима Сутина. Для нашего поколения этого художника вновь открыл Илья Эренбург. Вот и Давид Тихолуз смог приобщиться к творчеству великого художника, пусть опосредованно, в репродукциях, но все же «услышать» этот трагический голос. Не об этом ли писал в посвящении Хаиму Сутину Булат Окуджава:

То ли мед, то ли горькая чаша,
То ли адский огонь, то ли храм,
Все, что было его – ныне ваше.
Все для Вас. Посвящается Вам.

Именно как завещание XX века воспринял Давид Тихолуз искусство Хаима Сутина. Это было искусство для него. В нем он читал и свою жизнь, и свою судьбу, и жизнь своего народа. Нет, он не подражает Хаиму Сутину. Думаю, что это и невозможно.

Не подражает, а продолжает.

И это определило его путь. Ведь и он видел жестокость жизни. Об этой жестокости и кричат его произведения. Совсем не обязательно, как Эдвард Мунк в одной из самых своих знаменитых картин «Крик», показывать кричащее лицо женщины. Кричать могут улочки нашего города, натурщицы, стыдящиеся своего тела, цветы, вырванные из земли.

Давид Тихолуз – художник стихий. Он ощущает, как ветер ломает устои жизни, он в каждой картине не рассказывает историю чьей-то судьбы, а скорее предупреждает, что , если век XX двадцатый был железным, то век XXI может стать опять каменным.

Сутин рассказывал Модильяни, что с ним по ночам беседует Веласкес. Кто беседует по ночам с Давидом Тихолузом? Рембрандт? Сутин? Во всяком случае, перед лицом таких собеседников возникает нетерпимость к малейшей фальши, к картинной красивости.

Меняется время. А со временем меняемся и мы. И сегодня я могу сказать, что Одесса дала миру не только художников греческой, русской, украинской, но и еврейской ноты.

Послесловие. Уже девять лет, как ушел Давид Наумович Тихолуз. Его работы есть в коллекции Музея современного искусства Одессы, у коллекционеров, в галереях. И все же о художнике, который возник в нашем художественном мире – неожиданно, ярко – в 2008 году начали забывать. Думаю, что в 2020 году, когда ему бы исполнилось 65 лет и когда мы будем отмечать десятилетие его ухода, следует собрать большую выставку этого мастера. Может быть – во Всемирном клубе одесситов, где была его первая выставка в 2008, может быть – в МСИО.

Художник заслужил нашу долгую память.

22 октября

Письмо Ивана Бунина

С нетерпением ждал 22 октября.
Именно на этот день наметил сегодняшнюю публикацию
Мне сделали фантастический подарок. Реальный.
Хоть виртуально, но начинаю им делиться.
Почему 22 октября?
Это день рождения Ивана Алексеевича Бунина.
Великий русский писатель, лауреат Нобелевской премии, да и для нас, одесситов, человек совсем не чужой. Здесь написаны «Сны Чанга», здесь написаны «Окаянные дни».
Так вот, подарок, который я получил, это рукописная тетрадка стихов, которую специально, как дар, подготовил поэт Георгий Иванов для молодого тогда поэта Кирилла Померанцева. Почти каллиграфическим почерком новые стихи, написанные в годы второй мировой...
В эту тетрадку вложено письмо Георгия Иванова – Кириллу Померанцеву.
И еще одно письмо.
Посмотрел на подпись – Иван Бунин. Адресовано Георгию Иванову. Прочитав, понял, почему Иванов и его передал Померанцеву.
Думаю, что может быть факсимильно нужно издать книжечку стихов, письма, рисунок, но пока – начну с письма Ивана Бунина.
В парижской литературной эмигрантской среде за Буниным прочно укрепилась слава первого прозаика эмиграции, а за Георгием Ивановым первого поэта эмиграции.
Общались ли они? Безусловно.
Дружили ли?
До революции, как видно, Иванов о Бунине знал, академик, собрание сочинений...

Бунин о Георгии Иванове слыхом не слыхивал. Иронически относился к модернистам, с Блоком спорил, а акмеистов, футуристов не воспринимал и не читал.

Познакомились в эмиграции, в 1926 году на юбилее Бориса Зайцева. Бунин поддерживал, как мог, прозаиков реалистического направления – Куприна, Ивана Шмелева, но дружил, как дружат в России, с Борисом Зайцевым.

С поэтами «парижской ноты» отношения у Ивана Алексеевича не сложились. И на этом фоне уважительные встречи с Георгием Владимировичем Ивановым и его женой Ириной Одоевцевой можно считать почти дружескими…

Побывали друг у друга в гостях.

Бунин купил сборник стихов Иванова «Розы», оставил на полях много сердитых помет. Но в печати про это не обмолвился ни словом Это тридцатые годы.

В 1942 Бунин читает коллективный сборник стихов. И делает запись в дневнике:

«Читал вчера и нынче стихи Г. Иванова и Гиппиус. Иванов все-таки поэт настоящий (в зачатке). Гиппиус ужасна. Мошенница».

И Георгий Иванов старается в публичной сфере не высказываться о стихах Бунина. Но всегда пишет о его прозе, которую любит, которой восхищается.

Послевоенные годы трудны и для Бунина, и для Иванова. Почти нищенство. Болезни.

Дружба с молодым литератором Кириллом Померанцевым помогала Иванову поддерживать связь с литературной богемой.

Ранние стихи Померанцева он жестко критиковал. Учил краткости, точности…

Впоследствии Кирилл Дмитриевич Померанцев напишет в книге воспоминаний «Сквозь смерть»: «Моим учителем был замечательный поэт Георгий Иванов, который, по моему мнению, достиг абсолютной точности и адеквации формы и содержания».

Как видно, по просьбе Померанцева, Георгий Иванов послал на отзыв стихи молодого поэта Ивану Бунину.

А теперь письмо Ивана Алексеевича.

24.XI.47.

Мой восхитительный поэт, получил я уже давно письмо и стихи от Померанцева –

и не ответил по двум причинам:

по нездоровью и потому, что понятия не имею о его адресе:

сделайте одолжение пошлите ему эту записочку, в коей очень благодарю его и за письмо, и за стихи, весьма многими строками меня поэтически тронувшие.

Заранее благодарю и надеюсь видеть Вас вскоре на вечере Н.А. Тэффи.

Ваш Ив. Бунин

Признаюсь, в формуле – «Мой восхитительный поэт» я почувствовал некую иронию. Но, возможно, я преувеличиваю. Во всяком случае, Иванов не просто сообщил Померанцеву отклик Бунина, но и подарил само письмо… Если бы оно обидело его, выбросил бы.

Держу в руках уже чуть пожелтевший листик бумаги. Признаюсь, рука дрожит. Эту страничку держал в руке Бунин, Иванов, Померанцев. Вот тут Бунин задумался, что-то захотел написать, перечеркнул. Мыслил.

Я волнуюсь, когда у меня в руке автограф. Живое соприкосновение.

Остается сообщить, что Иван Алексеевич Бунин умер в 1953 году, Георгий Владимирович Иванов – в 1958 году, их намного пережил Кирилл Дмитриевич Померанцев, земной путь которого завершился в 1991 году.

Надеюсь, что представляя стихотворную тетрадку Геория Иванова, написанную для Кирилла Померанцева, я подробнее расскажу о них. А завершить мне хотелось бы стихотворением Георгия Иванова, ставшим пророческим:

В ветвях олеандровых трель соловья.
Калитка захлопнулась с жалобным стуком.
Луна закатилась за тучи. А я
Кончаю земное хожденье по мукам,

Хожденье по мукам, что видел во сне —
С изгнаньем, любовью к тебе и грехами.
Но я не забыл, что обещано мне
Воскреснуть. Вернуться в Россию — стихами.

И ведь свершилось. Они все воскресли. Они все вернулись к нам стихами.

30 октября

Дней десять лежит передо мной на столике книга Анны Бердичевской «Моленное дитятко».

Прочитал сразу же, как только Елена Андрейчикова привезла мне в подарок от автора этот сборник рассказов.

Надо же – два прозаика, отмеченных бабелевской премией встретились в Черногории, на литературном фестивале «Словоново» – так неисповедимыми путями книга попала в Одессу.

Познакомились мы с Анной Львовной Бердичевской в 2017 году, когда она приезжала в Одессу получить вторую премию за рассказ «Русский доктор». Действительно великолепный рассказ, как мне кажется лучший из участвовавших в конкурсе (я не член жюри, это мое субъективное мнение).

С тех пор слежу, что в журналах публикует писатель.

Кстати, рассказ «Русский доктор» входит в книгу «Моленное дитятко».

А теперь о книге. Это сборник рассказов. Написаны они в разное время, но расположены в книге в хронике самой жизни, а значит, и в хронике жизни автора.

Получился автобиографический роман. Умный, самоироничный.

Читаешь с улыбкой и…со слезой на глазах.

И дело тут не только в том, что жизнь «полосатая», а в чеховском таланте автора…

Начинается книга с 1945 года, автора еще нет, героиня первых рассказов – ее мама, обыкновенный человек, на которого обрушилось необыкновенное время.

Думаю, не нужно спрашивать, за что арестовали молодую художницу, в одиночку воспитывавшую сына…

Автор задает иной вопрос: «Зачем Иуда целует в уста?».

Признаюсь, у меня нет на него ответа. Ни в конкретной ситуации, где начальничек, написавший донос, уезжающий в другой город, спешит броситься на улице, чтобы попрощаться, «пожать руку», ни в более общей, когда совершив подлость, человек не стыдится содеянного, а хочет еще раз взглянуть в глаза своей жертве…

А дальше, считайте, что это чудеса, я же верю, что это закономерность: в мире добрых людей больше.

Врач, пытаясь спасти молодую заключенную, определив, что она беременна, уговаривает сделать аборт. И мать отказывается. Верит, что вынянчит, спасет, «вымолит».

Что такое суды над политическими, мы знаем. А тут все ломает стереотипы. Мать отказывается от «государственного» адвоката и, сама защищая себя, добивается, что к ней прислушалась судья. И не восемь лет лагерей, а всего … пять.

И в лагере можно заслужить уважение сотоварок…

Что же помогло жить, выжить?

Любовь.

И молитва. Да, практически неверующий человек, научился молиться богородице. И это спасло «моленное дитятко».

Ничего не рассказываю о страхах, о страданиях, о смертях…

ГУЛАГовская тема неисчерпаема. А в этой книге есть не только тени, но и свет.

Но еще об одной теме этой книги обязательно хочу сказать.
Один из рассказов назван по Хемингуэю – «Прощай, оружие!»
Антивоенный, гуманистический настрой книги – для меня важнейший.

«Потому что, как всякий человек, побывавший на реальной войне, я постигла простейшую, очевидную истину: нельзя стрелять в человека. Стреляешь-то, может, во врага, а убиваешь себя. Это, я уверена, знает каждый солдат. Знал и Толстой, и Хемингуэй, знает каждый снайпер, а те, что хорохорятся, – либо врут, либо перестали быть живыми. Война убивает или ранит всех, даже тех, кто вернулся с войны».

Жизнь Анны Бердичевской складывалась так,, что после УСОЛЛАГа, после детдома, после жизни с мамой на станции Мулянка, она закончила заочное отделение Пермского мехмата, а потом сменила инженерную работу на журналистику. В 1984 году судьба забросила ее в Тбилиси, где она окунулась в творческую жизнь Грузии, подружилась с ее великими режиссерами Резо Габриадзе, Георгий Данелия… Какой же трагедией для автора стала война. Я уже упоминал рассказ «Русский доктор», о кудеснике, которого война выгнала в Торонто… Выгнала она и Анну. Отсюда и ненависть ее к тем, кто выкрикивает «Германия превыше всего», «Грузия для грузин», равно как и «Россия для русских».
И закончить я хочу цитатой из книги Анны Бердичевской. Думаю, это ее формула надежды:

…Всегда есть надежда набрести на вестника и проводника. Как-то все же можно умудриться вглядеться в свою тьму: не появится ли путеводная звезда. И черный журавль может ею оказаться. Судьба посылает вестников. Горе горем, тьма тьмой, война войной, но отчаяние недаром грех везде и во все времена, отчаяние сродни невниманию, недоверию, лени, гордыне и самонадеянности… Иди, не изменяя тому, что узнал от тех, кто тебя любил, верь тому, что понял в детстве из сказок. Дорога твоя сложится сама.

Книга есть в интернете.
Иллюстрации к ней сделал Резо Габриадзе.
Издана книга в Москве. На ее обложке указано, что автор – Лауреат международной литературной премии имени И. Бабеля.
Книга объединяет, а не делит.
Книга помогает жить.

4 ноября

«Вы меня хотите, как консервную банку, раскрыть? Порежетесь о края!» – не раз говорила Кира Георгиевна Муратова журналистам.

И правда, никогда не прогибалась, говорила, что думала и так, как хотела.

И кино снимала, как хотела. Когда ее экранизацию Короленко «Среди серых камней» редактура и цензура изуродовали, сняла свою фамилию, поставила вызывающий псевдоним – Иван Сидоров.

 5 ноября 2019 года, режиссеру, сценаристу, актрисе исполнилось бы 85 лет. Земной путь завершился в 83….

Для меня кинематограф Киры Муратовой начался в 1967 году, когда вышел ее первый самостоятельный фильм «Короткие встречи»… И потом «Долгие проводы», увы, положенные на полку, «Перемена участи», «Чувствительный милиционер», «Астенический синдром»…

Мне кажется, что смотрел, а некоторые и не раз, все фильмы Киры Муратовой.

Она создала свой кинематограф. Не вообще авторское кино, а андерграундное кино, которое до нее не существовало на советском экране.

Не все ей дали снять, о чем думала, что хотела.

Очень болезненно перенесла закрытие проекта «Княжна Мэри» по Лермонтову. В процессе работы я разговаривал с Кирой Георгиевной, еще теплилась надежда , что не остановят фильм…

Но после очередной схватки с властью она приходила в себя и продолжала работать. Тем более, что вокруг были единомышленники, начиная с Евгения Голубенко, мужа, но и художника, но и сценариста…

В 2014 году, 2 сентября, в день рождения Одессы, имя Киры Муратовой было увековечено на одесской «Аллее звезд».

Мы знали, что Кира Георгиевна не очень любит принимать награды, тем более говорить речи. Но тут она согласилась прийти на церемонию и подготовила короткий текст для ответного выступления.

Это не были дежурные слова благодарности.

Это была позиция творческого человека.

Более того. Через три-четыре дня Муратова позвонила и сказала, что хотела бы текст этого короткого спича передать в альманах «Дерибасовская-Ришельевская», чтоб не забылось.

И не забылось.

Выступление напечатано в декабрьском номере альманаха за 2014 год.

Напомню этот очень короткий текст:

Кира Муратова

Слова по поводу того, что меня закатали в асфальт

Я жила в разных городах и разные города любила. В Одессе состоялось 95 процентов моей профессиональной деятельности.

Попав в такую вот, как сегодняшняя ситуация, человек должен или благодарить или кланяться.

Итак, спасибо Одесса, ты меня в старости лет удочерила!

Но раз у меня микрофон в руках, я должна сказать то, что касается этого мероприятия – «Аллеи звезд».

Это действо из разряда игрушек-погремушек, отвлекающих от ужаса жизни. Отвлекающих от ужаса времени – хуже которого не придумаешь.

Раньше мы убивали других животных. Только. Теперь убиваем друг друга. Это давно должно было стать табу.

Как людоедство.

Никакая территория не стоит того, чтобы убивать друг друга.

Даже если территория называется Родиной.

Все революции кончаются гильотинами. Майдан начинался как мирная революция. Возвышенная, идеальная. (Про это снял свой фильм С. Лозница).

Вы какое слово выберете – «патриотизм» или «пацифизм»?

Я предпочитаю «пацифизм».

Прошло пять лет. Нет Киры Георгиевны. А ее слова, сказанные на Ланжероновской, между оперным театром и литературным музеем, не только не потеряли смысл, но становятся очевиднее.

Войны нужно кончать. Нельзя убивать друг друга.

Думаю, это урок жизни и творчества нашего великого современника.

9 ноября

В октябре, когда отмечали день рождения Ивана Бунина, я рассказал, что получил фантастический подарок – тетрадку стихов Георгия Иванова, рукописную, сделанную им в подарок поэту Кириллу Померанцеву, письмо Бунина к Иванову и письмо Иванова к Померанцеву.

Тогда же я опубликовал письмо Бунина.

Пришло время знакомить с письмом Георгия Иванова.

Сколько ни говори – лучший поэт русской эмиграции, все будет мало, если не дать возможность самим прочитать стихи.

Они музыкальны, они печальны, в них навсегда застыла акмеистическая ясность. 10 ноября, день рождения Георгия Иванова.

Ему 125 лет.
Читаем вместе его стихотворение.

1
Друг друга отражают зеркала,
Взаимно искажая отраженья.

Я верю не в непобедимость зла,
А только в неизбежность пораженья.

Не в музыку, что жизнь мою сожгла,
А в пепел, что остался от сожженья.

2
Игра судьбы. Игра добра и зла.
Игра ума. Игра воображенья.
«Друг друга отражают зеркала,
Взаимно искажая отраженья...»

Мне говорят — ты выиграл игру!
Но все равно. Я больше не играю.
Допустим, как поэт я не умру,
Зато как человек я умираю.

А теперь – письмо. Это 1949 год. Георгий Иванов с женой Ириной Одоевцевой живут на юге Франции, еле сводят концы с концами, исчезли друзья двадцатых-тридцатых годов. Редкие встречи с Буниным. И как счастье – дружба с молодым поэтом Кириллом Померанцевым, выбравшим его в наставники.

1 мая 1949 года
Дорогой Кирилл!
Спасибо за твое письмо. Не знаю, писал я тебе в прошлом году или только хотел написать – что не думал найти друга на старости лет и вот, все-таки, в Тебе нашел. То же самое могу повторить опять, но уже с большей уверенностью, что не ошибаюсь. С полной уверенностью. Это для меня очень важно и очень много значит. Говорить об этом трудно, но ты поймешь и так.

Меня очень тронуло, что Ты в передней (выражение глупое, но понятное). В чем заключается это «в передней», трудно определить, но ручаюсь тебе, что это так. М.б., главным образом, в плотности каждого стихотворения и, в то же время, плотности общей, соединяющей их все вместе в одно общее явление, к тому же та золотая середина, которой тебе постоянно не хватает (не всегда хватает и теперь) – гораздо ясней и определенней чувствуется.

Посылай письмо EXPRESS-ом. Отвечаю на него спустя три дня. Извини – я нахожусь в каком-то полулетаргическом состоянии, близком к идиотизму, несмотря на солнце, море и относительное спокойствие.

«От органических причин» – как у Козьмы Пруткова.

Крайне рад, что ты опять стал писать стихи. И как всегда, когда ты начинаешь писать их много, ты сделаешь новый шаг.

«Сегодня день…» «Только музыки…» «Скажи мне, что делать…» – наиболее самостоятельны. «Безымянные звезды…» очень удались, жаль, что они не без «Цитеры». («Отплывшие на остров Цитеру» – название первой книги Георгия Иванова – ЕГ). Выбрось на время «Цитеру». Я очень ценю, что ты любишь мои стихи. Самое лучшее для тебя было бы теперь насильно перестать читать только русские стихи. Ну, Бодлера, например, или Корбьера, ну Лафарга, если тебе больше нравится. Тогда твоя поэтическая впечатлительность или восприимчивость… (Дальше две строки вычеркнуты – ЕГ)

И еще одна записка. Возможно из этого же письма.

Дорогой Кирилл!

Очень будет мило, если приедешь к нам в Воскресенье. Тогда приезжай напрямую к завтраку. Накормлю тебя лучше, чем в прошлый раз. И отдам заодно свой долг. Так что не позже как к часу.

Целую тебя

Твой Жорж.

P.S. на обороте.

Так как ты дважды сказал, напомнил о коричневых штанах – то, если ты не раздумал их мне дарить – напоминаю. Так же «заранее благодарен» за черный крокодиловый кушак, если помнишь

Кирилл Померанцев оставил замечательную книгу воспоминаний «Сквозь смерть». Большая глава в них посвящена Георгию Иванову.

Они познакомились в 1946 году. И до последнего часа, до августа 1958 года Померанцев поддерживал своего учителя.

Думаю, в каждую антологию русской поэзии, в ее классические образцы, должны войти стихи Иванова. Хотя бы вот эти.

Хорошо, что нет Царя.
Хорошо, что нет России.
Хорошо, что Бога нет.
Только желтая заря,
Только звезды ледяные,
Только миллионы лет.
Хорошо — что никого,

Хорошо — что ничего,
Так черно и так мертво,
Что мертвее быть не может
И чернее не бывать,
Что никто нам не поможет
И не надо помогать

Вернуться в Россию стихами – хотел Георгий Иванов.
Не дождался. Но мы дождались. Вернулся.

АВТОРЫ

Алена БАБАНСКАЯ Родилась в Подмосковье. Живет в Москве. Закончила МГПИ им. Ленина, филфак. Печаталась в «Арионе», «Интерпоэзии», «День и ночь», «Крещатик», «Волга» и др. Выпустила 2 книги стихов – «Письма из Лукоморья» (Водолей, 2013) «Акустика» (Арт-Хаус медиа, 2019).

Ефим БЕРШИН. Поэт, прозаик, публицист, редактор отдела поэзии журнала «Гостиная». Лауреат премии «Антоновка» (2019). Автор книг стихов, двух романов и документальной повести о войне в Приднестровье «Дикое поле». Работал в «Литературной газете», вёл поэтическую страницу в газете «Советский цирк», где впервые были опубликованы многие неофициальные поэты. Публикуется в тостых и тонких журналах.

Надежда БЕСФАМИЛЬНАЯ. В двух последних триместрах жизни – москвичка. Родилась в Курской области, где прошли детство и школьная юность. Профессия – переводчик. Автор трёх книг стихов, мемуарных записок о реставрации Большого театра, серебряный призёр совместного телевизионного интернет-проекта газеты «Вечерняя Москва» и портала Стихи.ру в 2013г. (выбор экспертов).

Евгений ГОЛУБОВСКИЙ. Журналист, составитель и комментатор многих книг, связанных с историей, культурой Одессы. Родился в 1936 году в Одессе. В штате газет «Комсомольская искра», затем «Вечерняя Одесса» работал с 1965 года. Вице-президент Всемирного клуба одесситов (президент Михаил Жванецкий). 15 лет редактор газеты клуба «Всемирные Одесские новости», последние пять лет одновременно заместитель редактора историко-краеведческого и литературно-художественного альманаха «Дерибасовская-Ришельевская». Лауреат журналистских премий.

Елена ДУБРОВИНА — поэт, прозаик, эссеист, переводчик, литературовед. Живёт в США. Является автором ряда книг поэзии и прозы на русском и английском языках, включая сборник статей «Силуэты». Составитель и переводчик антологии «Russian Poetry in Exile. 1917-1975. A Bilingual Anthology», а также составитель, автор вступительной статьи, комментариев и расширенного именного указателя к трехтомнику «Юрий Мандельштам. Статьи и сочинения в 3-х томах» (М: Изд-во ЮРАЙТ, 2018), книги «Литература русской диаспоры. Пособие для ВУЗов» (М: Изд-во ЮРАЙТ, 2020). Главный редактор американских журналов «Поэзия: Russian Poetry Past and Present» и «Зарубежная Россия: Russia Abroad Past and Present». Входит в редколлегию «Нового Журнала» и в редакцию журнала «Гостиная» (раздел «литературный архив»). В 2013 году Всемирным Союзом Писателей ей была присуждена национальная литературная премия им. В. Шекспира за высокое мастерство переводов. В 2017 году – диплом финалиста Германского Международного литературного конкурса за лучшую книгу года «Черная луна. Рассказы». Заведует отделом «Литературный архив» журнала «Гостиная».

Наталия ЕЛИЗАРОВА. Родилась в Омске. Окончила филологический факультет ОмГУ. Кандидат исторических наук, член-корреспондент Петровской Академии наук и искусств. Печаталась в журналах «Москва», «День и Ночь» (Красноярск), «Южная Звезда» (Ставрополь), «Огни Кузбасса» (Кемерово), «Омская Муза», «Звёздный век» (Омск), «Пилигрим» (Омск) альманахах «Складчина» (Омск), «Голоса Сибири» (Кемерово), коллективных сборниках «На первом дыхании» (Омск, 2004), «Моё имя» (Омск, 2006), «Люблю на разных языках» (Омск, 2007) и др. Автор книг «Завтрак в постель» (Омск, 2004), «Королевство не для принцесс» (Омск, 2006), «Женщина-лисица» (Омск, 2006), «Ушедшие в ночь» (2011). Лауреат областной литературной премии им. Ф. М. Достоевского (2004). Член Союза российских писателей.

Виктор ЕСИПОВ. Литературовед, историк литературы, поэт, прозаик. Автор пяти книг о Пушкине и поэзии ХХ века, книги воспоминаний «Об утраченном времени» и трех поэтических книг. Составитель и комментатор книг Василия Аксенова, выходивших после смерти писателя в московских издательствах «Эксмо», «Астрель», «АСТ» в 2012 - 2017 годах, автор книги «Четыре жизни Василия Аксенова» (М.: «Рипол-Классик», 2016)".

Вера ЗУБАРЕВА. Поэт, прозаик, литературовед. Автор монографий, книг поэзии и прозы. Первый лауреат премии им. Беллы Ахмадулиной и ряда других международных литературных премий. Главный редактор журнала «Гостиная». Президент проекта «Русское Безрубежье».

Александр КАРПЕНКО. Поэт, прозаик, композитор, ветеран-афганец. Член Союза писателей России. Закончил спецшколу с преподаванием ряда предметов на ан-глийском языке, музыкальную школу по классу фортепиано. Сочинять стихи и песни Александр начал еще будучи школьником. В 1980 году поступил на годич-ные курсы в Военный институт иностранных языков, изучал язык дари. По окончании курсов получил распределение в Афганистан военным переводчиком (1981). В 1984 году демобилизовался по состоянию здоровья в звании старшего лейтенанта. За службу Александр был награжден орденом Красной Звезды, афганским орденом Звезды 3-й степени, медалями, почетными знаками. В 1984 году поступил в Литературный институт имени А. М. Горького, тогда же начал публиковаться в литературных журналах. Институт окончил в 1989-м, в этом же году вышел первый поэтический сборник «Разговоры со смертью». В 1991 году фирмой «Мелодия» был выпущен диск-гигант стихов Александра Карпенко. Гастролировал по городам США, выступая с поэтическими программами на английском языке. Снялся в нескольких художественных и документальных фильмах. Автор семи книг стихов и прозы, а также более ста публикаций в Журнальном и Читальном залах. Телеведущий авторской программы «Книги и люди» на «Диалог-ТВ».

Катя КАПОВИЧ. Поэт, прозаик, дважды лауреат «Русской премии» в номинации проза (2013) и поэзия (2015). Автор девяти книг на русском языке и двух на английском. Публикуется в ведущих журналах.

Владислав КИТИК. Поэт, критик, эссеист. Автор книг поэзии. Публикуется в периодике. Редактор газеты "Черноморец".

Надежда КОНДАКОВА. Поэт, автор 11 книг поэзии, соавтор культурологического издания "Пушкинский календарь", получившего президентский грант (1999). Переводит со славянских языков, а также с языков народов СССР и России. Лауреат государственной Премии города Москвы, всероссийской литературной премии "Капитанская дочка", а также ряда общественных премий - премии журналов "Золотой век", "Дети Ра", региональной премии им. С.Т. Аксакова и др.

Михаил КОСМАН (1953-2010), поэт, прозаик, литературовед. Родился в Москве. Эмигрировал в 1972 году. Прожил около года в Израиле; учился в Хайфском университете. С 1973 года – в США: сначала в Кливленде, потом в Нью-Йорке. Окончил Колумбийский университет со степенью магистра. Писал стихи и рассказы, но отказывался их публиковать; не хотел хранить свои произведения, поэтому многие стихи, к сожалению, исчезли. Переводил стихи Йейтса (с английского) и Германа Гессе (с немецкого) на русский. Автор исследований о «Мастере и Маргарите» Булгакова и о неоконченном романе Замятина «Бич божий» (на английском). После его ухода рукописи некоторых его стихов были обнаружены сестрой и опубликованы.

Марина КУДИМОВА. Поэт, прозаик, эссеист. Лауреат премии им. Маяковского (1982), премии журнала «Новый мир» (2000), премии имени Антона Дельвига (2010), премии Фонда Русского Безрубежья (2019). Автор книг поэзии и прозы. Публикуется в периодических изданиях. Редактор отдела поэзии журнала «Гостиная».

Елена ЛАПШИНА – поэт, член СП Москвы с 2003 года. Родилась в подмосковном Фрязине. Окончила экономический факультет Московского лесотехнического института. С 2006 по 2010 год работала в журнале «Октябрь». Автор четырех сборников стихов. Живёт в Москве.

Елена ЛИТИНСКАЯ. Поэт, прозаик, переводчик. Автор книг поэзии и прозы. Лауреат и призёр нескольких международных литературных конкурсов. Зам. главного редактора журнала «Гостиная». Вице-президент объединения ОРЛИТА. Публикуется в периодике.

Александр МАРКОВ. Доктор филологических наук, автор более 200 работ по теории литературы и искусства, переводчик.

Олеся НИКОЛАЕВА. Родилась в Москве, окончила Литературный институт им. Горького, где сейчас ведет семинар поэзии. Профессор, автор 12 книг стихов, 4 книг эссеистики и 24 книг прозы. Лауреат многих премий – российских и зарубежных, в том числе – Национальной премии "Поэт".

Людмила ШАРГА. Поэт, прозаик, эссеист. Автор книг поэзии и прозы. Возглавляет отдел поэзии в литературно-художественном журнале «Южное Сияние». Редактор сайта, основатель и ведущая творческой гостиной «Diligans». Лауреат Фонда Русского Безрубежья (2019). Редактор «Одесской страницы» в журнале «Гостиная».

Татьяна ЯНКОВСКАЯ. Прозаик и эссеист. Публикуется в ведущих периодических изданиях на русском и английском языках. Автор книги «Когда душа любила душу. Воспоминания о барде Кате Яровой» (2019).

www.ingramcontent.com/pod-product-compliance
Lightning Source LLC
Chambersburg PA
CBHW050638300426
44112CB00012B/1846